Corinne Pulver

Gertrud P.

Das Drama einer begabten Frau

‹Edition Erpf›

Fotos: Paul Motzko, Genf
und aus Privatarchiven

© 1988 by ‹Edition Erpf› bei Neptun
Kreuzlingen/Bern 1
Fotolithos: Litho-Service, St. Gallen
Satz, Druck und Einband: Wilhelm Röck, Weinsberg
ISBN 3-256-00108-4 (‹Edition Erpf›)

«Schreien, weil ich den Kontakt mit der Umwelt
verloren habe.»
Gertrud P.

Inhalt

Der Weg in die Nacht   9

Gertruds Tod   38

Gertruds Leben   46

Aufzeichnungen aus Gertrud P.'s Anstaltsleben
(1921–1961).
Mit Vergleichen aus dem «Dossier Camille Claudel»   75

Gertruds Wahnsinn
(Versuch einer Analyse)   86

Zitate aus dem Dokumentarfilm «Gertrud P.»   113

Bilddokumente   119

Der Weg in die Nacht

Am ersten November 1921 fährt Gertrud P. mit ihrer
Mutter nach Münchenbuchsee bei Bern, um in die dortige,
private Heil- und Pflegeanstalt einzutreten.

Die beiden Frauen sind zuversichtlich, sie ahnen nicht,
daß sich dieses private Etablissement kaum von den offi-
ziellen, staatlichen «Irrenanstalten» oder «Anstalten für
Geisteskranke», wie zu dieser, wenig rücksichtsvollen Zeit
die heutigen «psychiatrischen Kliniken» noch heißen, un-
terscheidet.

Am Vortag ist Gertrud in der Sprechstunde ihres Hausarztes gewesen und dieser hat zu einem Aufenthalt in
Münchenbuchsee geraten.

Für Mutter und Tochter bedeutet das eine große Erleichterung, weiß der Doktor anscheinend doch Rat und ist
nicht wie sie, einfach hilflos.

Damit, daß sie von da an ganz den Ärzten, damals noch
absolute «Götter in Weiß» ausgeliefert wird – weil weder
ihre Familie noch Gertrud selbst wagen, an den Erkennt-
nissen der «Geistesheilkunde» zu zweifeln – beginnt Gertrud P.'s Drama.

Die Mutter meint, sie habe es ja schon immer gewußt,
daß die Malerei und der Umgang mit Künstlern ihrer

Tochter nicht gut bekommen sei; sie hegt die Hoffnung, diese Flausen würden ihr in der Heilanstalt ausgetrieben und Gertrud wieder «normal» werden. Diese wehrt sich für einmal nicht gegen die mütterliche Bevormundung, sondern sie verlangt im Gegenteil selbst energisch, in die Anstalt zu kommen, damit man sie von ihrem plötzlichen Leiden erlöse.

Die Mutter, gewohnt für die Tochter zu reden und zu bestimmen, muß diesmal im Vorzimmer warten. Gertrud ist fünfundzwanzigjährig, grazil und zart gebaut. Unter der zu einem züchtigen Knoten zurückgekämmten, etwas widerspenstigen, dunkelblonden Haarpracht glänzen die veilchenblauen Augen wie im Fieber. Sie gibt dem Arzt auf seine Fragen klare und präzise Antworten, die zeigen, daß sie nicht nur sehr hübsch und wohlerzogen, sondern auch hochintelligent ist. Von ihrer künstlerischen Begabung, ihrem Genie, wie ihre Lehrer es genannt haben, ganz zu schweigen.

Wären da nicht die Angstgefühle, die sie seit etwa einem halben Jahr quälen, Bilder und Vorstellungen, dazu «körperliche Gefühle» (Gertrud P.), die sie zutiefst erschrekken, der Arzt würde sie am liebsten gleich wieder nach Hause schicken. Doch über sich selbst und ihre Probleme zu sprechen, das ist Gertrud nicht gewohnt; erst vor einigen Tagen wagte sie, der Mutter ihre Angstzustände zu gestehen, und jetzt hat das Gespräch die zerbrechlich wirkende, junge Frau sichtlich mitgenommen; sie scheint plötzlich nicht mehr sehr sicher, sondern erschöpft und innerlich erregt zu sein, sie zögert, ob die Anstalt das richtige für sie sei, sie möchte nicht allein hierbleiben, ruft nach der Mutter, wie ein kleines, unglückliches Kind.

Der Abschied wird herzzerreißend.

10

Jedoch scheinen dann die ersten Tage in der neuen Umgebung die Hoffnung zu erfüllen, daß Gertrud hier geheilt werden kann.

Sie ist in einem Zweibettzimmer untergebracht, damit sie sich nicht allein fühlt und sie kann sich oft mit dem leitenden Arzt der Anstalt unterhalten.

Diese Aussprachen tun ihr gut. Man nimmt sie ernst und einigermaßen wichtig, sie darf über sich und ihre Probleme reden ohne Angst und ohne, daß die anderen von den Abgründen, die sich in ihr auftun, ihrerseits Angst zu haben brauchen.

Immer wieder verlangt sie nach solchen Gesprächen, kann aber dann oft, wenn der Arzt ihr gegenübersitzt, nicht aus sich herausgehen, sagt, sie sei zu sehr befangen um zu reden, einfach blockiert, die Gedanken drehten sich in ihrem Kopf wie im Kreise, sie könne sie nicht festhalten und ordnen, sie fühle auch nichts mehr, habe dafür einfach nur noch ein dumpfes Empfinden von Angst. Sie leidet unter zwanghaften, «verbotenen Vorstellungen». Wenn der Arzt geht, klammert sie sich an ihn, fleht und bettelt, er solle noch nicht gehen, sie nicht allein lassen.

Würde jemand sie genau beobachten und herauszufinden versuchen, was denn diese Ängste und Hemmungen sind – würde man sich die Mühe machen, mit ihr zu arbeiten und zu erforschen, woher das alles kommt, unter dem sie jetzt so schrecklich leidet, eine Analyse ihres bisherigen Lebens, ihrer Kindheit, ihrer Gefühle und ihrer Seele – eine Seelenanalyse also: Damit könnte Gertrud P. und mit ihr vielen «Verrückten» geholfen werden.

Doch soweit ist man zu dieser Zeit (und oftmals auch heute) in der Psychiatrie – in der Seelenheilkunde – noch lange nicht. All die Aussprachen mit dem Arzt haben nur den Sinn, die Symptome ihrer Krankheit zu erkennen und sie einzuordnen in die verschiedenen Fachausdrücke, die man – der Mann – dafür erfunden hat, um dann endgültig – und gültig fürs ganze Leben – die Diagnose zu stellen. Ist die Patientin einmal klassiert und eingeordnet, dann wird sie den Chefarzt nur noch ganz selten zu Gesicht bekommen; es kümmern sich um sie von nun an nur noch dafür ausgebildete Wärterinnen und Wärter.

Wird ihr ausnahmsweise doch einmal ein Gespräch mit dem Chefarzt oder seinem Stellvertreter gewährt, dann können diese nur eines feststellen: es hat sich nichts verändert, im Gegenteil, es ist mit der Patientin Gertrud P. nur noch schlimmer geworden.

Brief aus der Anstalt Münchenbuchsee vom 22. September 1922.

«*Herr Doktor!*
Lassen Sie mich doch bitte nicht hier.
Ich möchte so gerne aufstehen und an die Luft und wieder...
Lassen Sie mich nicht so zu Grunde gehen, eines normalen Menschen unwürdig. Ich befand mich noch nie in einem so abnormen, unnatürlichen Zustand, der täglich zunimmt, es ging mir zu Hause viel besser. Lassen Sie mich doch wieder hinaus, zurück. Kann ich denn nie mit Ihnen sprechen? Ich kann nicht gegen meine Gefühle handeln. Sie zwingen mich ja gerade zu dem was mir widerstrebt. Ich kann es nicht länger verantworten hier zu sein. Das bloße Daliegen macht mich nicht gesund! Lassen Sie mich doch bitte hinaus in den Garten und andere Gedanken fassen. Ich gehe körperlich und moralisch zu Grunde hier. Lassen Sie mich doch zu

anderen Gedanken kommen bevor etwas anderes immer wieder über mich kommt . . . Lassen Sie mich doch <u>endlich zur Ruhe</u> kommen. Darf ich nicht heute noch ein paar Worte mit Ihnen sprechen . . . »

Nachdem es ihr in den ersten Tagen und Wochen merklich besser ging, weil sie das Gefühl haben konnte, man kümmere sich um sie, nehme sie ernst und versuche ihr zu helfen, verfällt ihr Leben hinter den Anstaltsmauern mit fortschreitender Zeit in den gewohnten, alltäglichen Trott.

Gertrud P. hat später einmal gesagt (und in Briefen immer wiederholt), sie sei erst in der Anstalt wirklich krank geworden.

Damit hatte sie sicher recht, nur heißt das nicht, daß es ihr immer schlechter ging, wie man allgemein annahm, sondern, daß die Anstalt für sie immer schlechter wurde. (Diese Gefahr des Ausgestoßen- und Ausgeschlossenseins von der Gesellschaft, des Lebens, in einem Ghetto von Gleichartigen, in einer Atmosphäre, die krank macht, das hat man heute in der Psychiatrie erkannt und versucht es mit mehr Freiheit für die Patienten. Doch dies ist in einer Leistungsgesellschaft, die nur auf materiellen Erfolg zielt, nicht leicht und verlagert sich in ein weiteres, ungelöstes Problem: In die Altersheime. Hier ist das Ghettoleben ohne Hoffnung und eine letzte Station; das «Alt-sein» und auf den Tod warten wird zur Pflicht und zur ansteckenden Krankheit.)

Daß sich in der Irrenanstalt der Chefarzt, aber auch seine Assistenten, Oberärzte, Schwestern und Wärterinnen für sie interessieren und sich mit ihr abgeben, gibt Gertrud P. in der ersten Zeit ungewohnten Auftrieb. Man kann es in ihrer Krankengeschichte nachlesen:

«Die Patientin ist etwas ruhiger. Hat starken Drang zum Arbeiten und hilft deshalb morgens bei Zimmerdienst. Ein Brief ihrer Mutter freute sie außerordentlich aber erregte sie nicht. Schreibt ziemlich zerfahrene Briefe an ihre Mutter.»

Es wirkt also völlig selbstverständlich, und niemanden scheint es zu stören, daß eine fünfundzwanzigjährige, junge, hübsche und interessante Frau noch völlig von ihrer Mutter abhängig ist und niemand überlegt sich, warum ein Brief von dieser die Tochter nicht – oder eben – sie erregt. Man hat ja eine bequeme Lösung gefunden: es ist einfach alles «krankhaft». Man legt der Mutter nahe, sie solle Gertrud in der ersten Zeit nicht besuchen. Aber auch hier: niemand vermag zu sagen warum; die Vorschrift basiert auf der Erfahrung, daß die Begegnung mit Angehörigen die Patienten aufregt, auch wenn sie sich – wie Gertrud – nach ihrem Besuch sehnen und sich darauf schon im voraus freuen. Niemand findet es wichtig oder interessant, die Ursachen zu ergründen, und so wird diese vorgeschriebene Trennung nur eine zusätzliche Tortur unter der die Kranke leidet.

Notiz des Arztes: *Läßt mehrmals täglich solche Pakete von Zetteln auf m. Schreibtisch legen:*

«Geehrter Herr Doktor!
Lassen Sie mich wieder zu meiner Arbeit zurück.»

«Liebstes Anneli![1]
Ich bin überzeugt, daß ich dir den letzten Brief schreibe. Ich

---

[1] Die Schwester von Gertrud P.

14

halte es nicht mehr aus. Ihr könnt Euch nicht vorstellen, wie es mir wieder ist.»

«Lassen Sie mich doch bitte wieder in mein Zimmer, zu meiner Arbeit zurück. Ich möchte so gerne für Mutter ein paar Blümchen holen gehen. Darf ich nicht aufstehen.»

«Liebste Mutter!
Ich muß dir ein paar Worte schreiben. Ich halte es keinen Tag mehr länger hier aus. Es ist mir ganz entsetzlich, man hat mich ganz krank gemacht.»
(folgt Zeichnung irgend eines Blumenfries.)

«Lassen Sie mich doch wieder aufstehen. Ich kann mir nicht immer neue Vorwürfe machen. Ich habe so das Bedürfnis nach Ruhe und Frieden. Ich konnte nichts dafür diese Nacht daß ich erwachte. Cécile[2] kam mir dann gleich so frech und hielt mir vor ich sei selber schuld.»

Was sich Gertrud P. an Befreiung und Erleichterung, ja, Geborgenheit und Genesung in der Anstalt erhoffte, das erweist sich bald als eine viel größere und endgültige Unfreiheit, als sie sie bei der Mutter jemals empfunden hat. Dabei ist es wichtig zu wissen, daß Gertrud P. im Gefühl zu ihrer Mutter heftig hin- und herschwankt: auf der einen Seite liebt sie sie fast abgöttisch und ist von ihr in seelischer und materieller (moralisch gesehen) Hinsicht abhängig, auf der anderen Seite regt sie ihre Gegenwart auf – es hat zwischen den beiden Frauen immer wieder Streit und häßliche Szenen gegeben, in denen die Tochter der frommen Mutter wie der leibhaftige Teufel vorkommt.

---

[2] Wahrscheinlich die Wärterin

Diese Zerrissenheit in ihren Gefühlen und in ihrer Abhängigkeit, was heißt, ihre Unfreiheit und wohl auch Unbe-
friedigtheit –, kommt denn auch nach einer kurzen Zeit der
Besserung in der Anstalt bei Gertrud P. wieder zum Ausdruck:

*«Deutliche Ambivalenz, will etwas, wird immer energischer,
wenn man ihr entgegentritt. Gewährt man es ihr aber, so
wird sie plötzlich unsicher und will dann manchmal das
Gegenteil. Dabei seelisch ziemlich starr, wenig anpaßbar,
autistisch»*, heißt es.

Weder den Ärzten, und schon gar nicht der Mutter,
kommt es in den Sinn, daß das alles Ausdrücke einer
schweren, seelischen Verletzung, einer affektiven Mangel-
erscheinung sein könnte, aber nicht eine «Geisteskrankheit» ist.[1]

Denn wir befinden uns in der Hochblüte der schweizeri-
schen Psychiatrie (Max Müller) – die – von Männern als ihr
ureigenstes Gebiet beansprucht – sich nicht für das Unsichtbare, Unfaßbare im Menschen und schon gar nicht für
weibliche Probleme interessiert, sondern wissenschaftlich
ordnen, klassieren und erfassen, wenn möglich den Makel
«herausoperieren» und sich damit gesellschaftliche Lorbeeren verdienen will.

Gertrud P.'s Krankengeschichte ist ein Beweis dafür, wie
zu ihrer Zeit seelische Erkrankung und «Verrücktheit» als
rein körperlicher Defekt, als angeborene «Geisteskrankheit» und als ein von Gott gewolltes Schicksal angesehen
wird. Das entlastet Familie und Ärzteschaft davor, über die
Ursachen nachzudenken; man gibt zu, darüber völlig im

---

[1] Vgl. dazu das Kapitel *Gertrud's Wahnsinn.*

16

Dunkeln zu tappen, interessiert sich aber nicht, oder ist dafür nicht fähig, sie im seelischen, unsichtbaren und unergründeten Bereich zu suchen, sondern findet und erfindet immer neue, konkrete und fach-«männische» Bezeichnungen und Methoden, um die «Verrücktheit» zu kennzeichnen und ihr «Herr» zu werden.

Der Schweizer Eugen Bleuler hat zehn Jahre früher den Begriff der «Schizophrenie» eingeführt. Von da an ist fast jeder nicht ganz Normale, den man nicht einordnen kann, für die Ärzte «schizophren», das heißt, in seinen geistigen Fähigkeiten gespalten, einmal normal, einmal verrückt, so, wie es ein deutscher Dichter beschrieb: «himmelhochjauchzend, zu Tode betrübt». Auf der Bühne mag solcher Gefühlsüberschwang angehen, in dem Alltag des Lebens aber wirkt er krank. Gertrud P. wird schon bald einmal «Schizophrenie» diagnostiziert, scheint es doch besonders typisch, daß sie ihr ganzes Leben lang einmal ruhig, charmant, freundlich, und im Handumdrehen wieder unbequem, schwierig und störend ist.

Arztbericht v. 19. Juni 1924:

«Pat. ist ruhig, freundlich, lächelt. Meint, es sei mit der Mutter halt nicht gegangen, ist dabei deutlich zerfahren, kann nicht Abschied nehmen, ist aber viel gefügiger als sonst... mußte vor einigen Tagen, da sie zunehmend schlimmer geworden war und gedroht hatte, Scheiben einzuschlagen, isoliert werden, was einen argen Kampf absetzte. Klopfte und schrie im Isolierzimmer so, daß man ihr eine Injektion geben mußte. Immer mehr zerfahren und negativistisch.»

Gertrud's Internierung erfolgt zu einer unglücklichen Zeit, erfindet man doch gerade die unglaublichsten und unmenschlichsten körperlichen Torturen, um den Teufel, das heißt, den Wahnsinn der Schizophrenen aus dem Kranken auszutreiben um ihn zu heilen. Und fern sind noch die Zeiten, in denen die Frauen sich dafür wehren und emanzipieren, ihre eigene «Identität», ihre «Selbstverwirklichung» finden zu dürfen:

Von Anbeginn ihres Anstaltslebens wird Gertrud, die über Angstzustände klagt, in ihrem Zimmer eingesperrt; sie kann weder die Fenster öffnen, noch die Tür und abends wird sogar das Licht von außen geregelt; es steht im Bemessen des Wärters, wann er es an- oder ausmacht.

Wie glaubhaft versichert wird, ist eine solche «Käfighaltung» nötig, um die Anstaltsinsassen vor der Suizidgefahr zu schützen, aber auch davor, daß sie davonlaufen oder andere Mitpatienten oder Pfleger belästigen oder angreifen können. Es ist die sicherste und bequemste Art, diese Risiken für die Anstalt, die dafür haftet, damit auszuschließen, daß man die Kranken einfach einschließt. Für Gertrud, die unter Ängsten und Klaustrophobie (Furcht vor Eingeschlossensein) leidet, bedeutet das nicht Hilfe und schon gar nicht Heilung, sondern zusätzliche Angst; sie kommt aus den quälenden Zwangsvorstellungen und Erregungszuständen gar nicht mehr heraus.

So kann es ihr denn auch bald nicht mehr besser, sondern nur noch schlechter gehen:

«Schlief die letzten Nächte schlecht und zeigt stärkere Hemmungen, Ambivalenz und Depression. Scheint sich über eine leicht erotische Mitpatientin aufzuregen. Klagt über Magenschmerzen und erbricht.»

18

Das Problem ist zur Zeit von Gertrud's Erkrankung (wir würden heute sagen: von ihrer Depression), daß es für Frauen wie sie keine Alternative gibt, als sich in psychiatrische Behandlung zu begeben – die für weibliche Ansprüche, für Freiheit oder Befreiung aus Zwängen kein Verständnis hat, sondern sie als typisches «Frauenleiden» ansieht – oder bei der Mutter zu bleiben, mit deren starr bürgerlich-konservativer und bigotter Einstellung, die Gertrud nicht erträgt, so, daß sie sich allein und unverstanden fühlt und mit ihren Problemen nicht fertig wird. Dazu trägt die damalige, noch ganz auf den strengen Moralgesetzen des 19. Jahrhunderts fußende Gesellschaft wesentlich bei. Entsprechend brutal und radikal wird den «vom Teufel Besessenen» zu Leibe gerückt, entsprechend rapide verschlechtert sich Gertrud's Zustand: Sie schläft schlecht und stört ihre Mitpatientin. Sie kommt in das «Einzelzimmer vom Küchenhaus», wird also für ihre Unruhe und Angst bestraft. Resultat:

Münchenbuchsee, 19. 1. 1922:

«Zieht sich sehr stark zurück und vergißt sich in ihrer Arbeit. Ist sehr zerfahren. Zuweilen muß sie sich morgens übergeben. Weckt nachts die Wärterin, weil sie nicht schlafen kann. Hängt allerlei Gedanken nach, die sie nicht aussprechen kann und ist leicht ‹deprimiert›.»

Was kann oder versucht man dagegen zu tun?

Es wird ihr – auf inständiges Bitten ihrer Angehörigen und von ihr selbst erlaubt, das Weihnachtsfest zu Hause zu verbringen.

Weihnachten, das Fest der Familie und der Liebe, aber

auch das der Übermutter und mustergültigen Hausfrau: sie hat einen wunderschönen, mit glänzenden Kugeln, schimmernden Girlanden und Lametta geschmückten Weihnachtsbaum vorbereitet. Der Duft der Bienenwachskerzen, die ihr sanft-versöhnliches Licht über die liebevoll eingepackten Geschenke verstreuen, vermischt sich mit dem verführerischen Geruch von Mutters Köstlichkeiten aus der Küche; schöner und perfekter könnte eine Weihnachtsfeier gar nicht gestaltet werden.

Alle Familienmitglieder sind eingeladen: der Bruder mit seiner frisch angetrauten, jungen Gattin, die Schwester, Anna, mit ihrem kleinen Sohn, ohne ihren Mann – sie ist, wie wir später sehen werden, unter unglücklichen Umständen geschieden worden –, und mit dabei ist auch Mutters treue Haushaltshilfe, Frau Zarli. So bildet denn diese Weihnachtsfeier im Kreise der Familie dieses traulich-schreckliche Bild, wie wir es alle als Fest der Liebe und der Verbundenheit der gutbürgerlichen Gesellschaft kennen. Interessant ist dabei, daß für unzählige sensible, neurotische oder wie wir heute treffender sagen: rebellische Jugendliche und geschädigte Erwachsene das Weihnachtsfest nicht (mehr) ein freudiges und angenehmes, sondern eben ein schaurigschönes, schreckliches Erlebnis bedeutet. Vielleicht kommt es daher, daß kein anderer Anlaß für die bürgerliche Familie typischer, das heißt – zwiespältiger sein kann. Wieviele kennen doch den klassischen Vorgang: man ist noch bis kurz vor dem festlichen Anlaß nervös, ungeduldig, überfordert und überreizt, schreit sich gegenseitig an, verflucht alles, haßt alles, nur um sich dann alsbald unter dem brennenden Kerzenbaum einer Weltumarmungsstimmung hingeben zu müssen, in der man sich, mit Tränen der Rührung in den Augen, mit überfließender Liebe vereint ...

Kann es sein, daß Gertrud P. solche Feiern auf diese Weise erlebt hat und sie deshalb als besonders verlogen, besonders «Angst machend» empfand?

Ihre Angehörigen betonen, daß gerade die Weihnachtsfeiern mit Gertrud in der Erinnerung als qualvoll und unerträglich haften geblieben sind: Ein Alptraum für die Familie, was ein Fest der Liebe sein sollte.

Alles ist erstklassig und fein zurechtgemacht in der behaglichen, bürgerlich-eleganten Wohnung mit den schönen, alten Möbeln. Gertrud setzt sich an das Klavier – sie ist auch eine begabte Klavierspielerin und wurde von einem bedeutenden Lehrer unterrichtet. Sie spielt mit viel Gefühl ihr Lieblingsstück, die Sonate in A-Dur von Mozart.

Man läßt sie gewähren, obschon die Mutter zu Tisch bitten möchte.

Ein wenig gezwungen, aber doch angetan von dem Musikvortrag, hört man zu. Als sie endet, wird applaudiert. Gertrud macht eine kleine Verbeugung und nimmt den Beifall mit einem freundlichen Lächeln entgegen. Die Mutter atmet auf. Sie weiß, daß Gertrud von einem Moment zum andern wechseln, daß aus der charmanten, bezaubernden Frau eine vor Wut schäumende Furie werden kann. So hätte sie sich denn auch nicht gewagt, was für sie noch vor ein paar Jahren Selbstverständlichkeit war: Gertrud beim Klavierspiel zu unterbrechen und auf das wartende Essen hinzuweisen. Erst als der Klaviervortrag beendet ist, bittet die Mutter also zu Tisch. Es ist wunderschön gedeckt, auf crèmefarbener Damasttischdecke mit dazupassenden Servietten und eingesticktem Monogramm, tragen silberne Leuchter brennende Kerzen, und in ihrem Widerschein blitzten das Silberbesteck und das feine Rosenthalgeschirr um die Wette.

Die Mutter bittet, Platz zu nehmen. Wieder ist sie auf der Hut, sie würde es nicht – wie früher – wagen, die Tischordnung zu bestimmen, aus Angst, Gertrud's Widerspruch herauszufordern. So folgt man automatisch der Sitzordnung wie diese es mit brennendem Übermut in den jetzt nachtblau schimmernden Augen bestimmt: Sie setzt sich oben an den Tisch, an den Platz der eigentlich der Mutter gehört, ihr Bruder auf der einen, die Schwester auf der anderen Seite. Die Mutter muß weiter unten, nach ihrem Sohn und gegenüber ihrer verhaßten Schwiegertochter, Platz nehmen.

Gertrud ist blendender Laune. Sie strahlt und sprüht vor Witz, gibt treffende Personenbeschreibungen und schlagfertige Antworten. In kurzer Zeit ist sie absoluter Mittelpunkt. Die Mutter sieht es mit Sorge; es wäre ihr lieber, Gertrud würde sich einfacher und nicht so auffällig benehmen; besonders unangenehm ist ihr deren «scharfe Zunge». Das Essen verläuft friedlich, jeder ist bemüht, nichts Falsches zu sagen, nicht durch eine ungeschickte Bemerkung den Frieden zu gefährden. Die Stimmung ist entsprechend verkrampft, alles andere als harmonisch und entspannt. Gertrud scheint das mit ihrer Sensibilität und ihrem feinen Gespür für Nüancen zu empfinden; sie erträgt die oberflächlichen Schönwettergespräche mit den mühsamen Komplimenten und den gegenseitigen, gutgemeinten, aber nichtssagenden und immer ein wenig verlogenen Schmeicheleien nicht. Sie möchte von wichtigeren Dingen, von Menschen und deren Problemen reden, die auch in der Familie untergründig schwelen und nicht unübersehbar sind, zum Beispiel, daß der Mutter die Schwiegertochter, die Frau ihres einzigen Sohnes, nicht paßt, weil deren Mutter Pariserin ist und man der jungen Frau die «französische, schlampige Art» anmerke. Oder darüber, daß ihre Schwester Anna geschieden ist, obwohl sie ihren Mann noch immer gern hat und nur der Mutter zuliebe diese Ehe aufgab.

Gertrud kann es nicht lassen: sie macht darüber eine Bemerkung, äfft ihren Ex-Schwager nach, so daß Anna, vor Scham rot wird. Die beiden Schwestern fauchen sich böse und drohend an, kriegen sich dann in die Haare und rollen schließlich schreiend und sich streitend auf dem Boden herum. Starr vor Schreck und Entsetzen schauen die anderen dem «Schauspiel» zu, keiner wagt, sich einzumischen. Schließlich ruft die Mutter, steif und hochaufgerichtet, die ältere der beiden zur Ordnung. Diese, die schöne, sanftäugige Anna, reißt sich los, streicht ihre aufgelösten Haare, den zerknitterten Rock zurecht und setzt sich beschämt und mit glühendem Gesicht auf ihren Platz zurück. Gertrud steht ebenfalls auf. In ihren Augen blitzt es angriffslustig und böse. «Ah, nun zeigt Ihr endlich Euer wahres Gesicht!», zischt sie mit sich überschlagender Stimme und stellt sich vor ihre Mutter. «Du bist schuld, Du bist schuld, daß ich krank bin, bei Dir muß man ja krank werden!», schmettert sie ihr ins Gesicht, und mit einem gefährlichen Feuer in dem sich verdunkelnden Blick registriert sie, daß ihre Geschwister und die blutjunge Schwägerin versuchen, hinter der Mutter in Deckung zu gehen. Das hat der Erregten gerade noch gefehlt, daß man ihr ihre Andersartigkeit, daß alle gegen sie sind, bildhaft demonstriert.

Nachdem sie der leichenblaß gewordenen Mutter noch einigemale das «Du bist schuld» entgegengeschleudert hat, dreht sie sich um und fällt schreiend über die im Zimmer herrschende penible Ordnung her, um alles zu demolieren. Sie reißt die Schubladen der schönen, antiken Berner Kom-

mode auf, wühlt in den darin mit gepflegter Sorgfalt einge-
ordneten Tischtüchern, Servietten und anderen Haushalts-
utensilien, in dem Handarbeitskorb, der Strickarbeit der
Mutter, wirft alles in die Luft und zerstreut es wild im
ganzen Zimmer. Schublade um Schublade reißt sie auf, um
den Inhalt durcheinanderzuwühlen, die Ordnung zu zerstören, alles durcheinander zu wirbeln und herumzuwerfen.
Dazu gibt sie halb schreiende, halb bellende Laute von sich
bis sie heiser ist, wirft sich auf den Boden und schlägt sich
mit der Hand an den Kopf oder mit dem Kopf an die
Wand; stereotype, entsetzlich anzusehende Gebärden.

Die Angehörigen sind wie versteinert. Keiner wagt ein
Wort zu sagen, man wartet nur darauf, daß die Szene
endlich ein Ende nehme, daß die Tobende und von allen
guten Geistern Verlassene vielleicht den Weihnachtsbaum
in Brand setze und alles endgültig zerstöre.

Doch steht die Wütende plötzlich vor dem brennenden
Kerzenzauber, greift sich an den Kopf, als ob sie aus einem
Traum erwache, schaut sich zu den anderen um und sagt:
«Frohe Weihnachten!»

«Und daraufhin sollte man dann fröhlich sein und feiern»
erzählt der Neffe heute aus seiner Erinnerung. Noch immer
zittert seine Stimme, ist er tief betroffen, wenn er daran
denkt:

«Jedes Weihnachtsfest verlief auf diese Weise, solange
die Mutter darauf bestand, ihre Tochter nach Hause zu
nehmen und ‹en famille› zu feiern.»

Welche Mutter würde nicht ebenso handeln?

Dabei hatte sich Gertrud auf dieses erste Weihnachtsfest
seit ihrer Anstaltsinternierung wie ein Kind gefreut und
sich intensiv darauf vorbereitet, daraufhin gearbeitet und
sich dadurch viel freier und fröhlicher gegeben:

24

*«Ging zwei Tage heim, kam etwas deprimiert zurück, ließ
sich aber gleich für die Neujahrsvorbereitungen begeistern
und es ging ihr daraufhin viel besser.»*

Aus heutiger Sicht, in der die aufbegehrende Jugend mit
ihren Revolten das etablierte Bürgertum erschreckt und
aufgeschreckt hat und sich große, gesellschaftspolitische
Veränderungen, vor allem auch für die Frauen, vollzogen
haben, wirken Gertrud's Demonstrationen und Wut gegen
eine scheinbar von ihrer Mutter auferzwungene Ordnung
weniger ungeheuerlich als damals, ja, man ist versucht,
einzusehen und ihr zuzugestehen, daß sie damit etwas
ausdrücken wollte, daß sie sich gegen etwas auflehnte.
Doch damals war das einfach «nicht normal» und die
verzweifelte Mutter wandte sich in ihrer Not an die Ärzte,
gibt getreulich Rechenschaft ab über die Vorfälle zu Hause.
Resultat: für längere Zeit werden Gertrud die Besuche zu
Hause verboten und es geht ihr nach einer vorübergehen-
den Besserung wieder schlechter. Das ist auch der Grund,
warum in den drei verschiedenen Anstalten, in die Gertrud
P. im Laufe der Zeit verlegt wird – die verschiedenen Ärzte
die sich über die Kranke vor jeder neuen Untersuchung
absprechen, orientieren sich an ihrer bisherigen Krankengeschichte, – aufgezeichnet durch die jeweilige Anstalt – an
eine Heilung Gertrud's schon zu dieser Zeit nicht mehr
glauben. Ihre Diagnose steht fest: Schizophrenie.

Das größte Problem für die Patientin ist ihre Schlaflosigkeit, und sie befindet sich damit wahrhaftig nicht allein: sie
gilt als typisches Frauenleiden und gehört zu der bestens
bekannten «Hysterie». Innere Erregungszustände und Ru-
helosigkeit – nervöse Spannungen – lassen sie nicht schlafen. Sie hält es in der Liegestellung keine paar Minuten aus;

sie steht immer wieder auf, stört durch ihre Unruhe Mitpatienten der Anstalt.

Man kann die Zustände von Gertrud P. mit denjenigen
von Menschen oder überhaupt von Lebewesen, die sich in
Todesangst befinden, vergleichen. Sie ist getrieben von
dem blinden Drang nach Flucht, findet keine Entspannung
und empfindet deshalb auch keine Müdigkeit, welche durch
die überreizten oder «kranken» Nerven überlagert wird. Da
man zu dieser Zeit keine Beruhigungsmittel, wie etwa die
heutigen, so beliebten und erfolgreichen «Tranquilizer»,
die moderne Psychopharmaka kennt, die genügend stark
sind um Patienten wie Gertrud P. Ruhe und Entspannung
zu bringen, gibt es für sie nur eine Lösung: den Wachsaal.
Das ist ein großes, steril wirkendes Zimmer, in dem zwanzig bis vierzig oder mehr Eisenbetten einfach im Raum
stehen. Darin werden unruhige Patienten wie Gertrud mit
Gurten angebunden und von einer Nachtwache im Auge
behalten. Was im Klartext heißt: sie wird durch das Gefühl
des Angebunden- und Überwachtseins noch mehr veräng-
stigt und beunruhigt; auch ein gesunder Mensch mit robu-
sten Nerven würde das nicht aushalten und sich gegen einen
solchen Zwang auflehnen.

Doch hat diese Qual vielleicht auch eine positive Seite:
Ihre Abwehr ist berechtigt, ihre Angst erklärbar und nicht
irgend ein eingebildeter Wahn.

*«Seit einiger Zeit im Wachsaal. Konnte sich anfangs nicht
darein finden, verlangte namentlich ins Freie, sodann Besuche ihrer Angehörigen. Darauf wurde sie ruhiger, heiter,
machte täglich einen Spaziergang mit der Wärterin. Vor der
Menses wieder sehr deprimiert.*

Eine zeitlang ordentlich. Besuchte ihre Angehörigen, die

sie viel freier fanden. Hatte dann vor ca. 14 Tagen einen Zahnabszeß, worauf sie psychisch zurückfiel. Ist wieder sehr gehemmt, ambivalent. Oft gegenüber der Wärterin gereizt, kann sich ihren Mitpatientinnen nicht anschließen, scheint neidisch auf kleine Vorteile, die diese haben.»

Mit andern Worten: Gertrud kann sich nicht anpassen, sich in der Anstalt nicht ein- und unterordnen. Sie, die vorher andere durch ihre Unruhe störte, wird im Wachsaal von den andern gestört. Sie lehnt sich dagegen auf. Sie sieht ihre eigenen Fehler, ihre «Krankheit» an den andern, wie in einem verzerrten, unheimlich scharfen Spiegelbild. Sie lebt also in einer kranken Umwelt, nur mit anderen Kranken zusammen, an die sie sich anpassen, mit denen zusammen sie sich beruhigen soll. Wie soll sie in dieser Atmosphäre von Krankheit gesund werden?

Ein wenig besser geht es ihr laut Krankengeschichte, seit man ihr erlaubt hat, ihr Bett an eine Wand zu stellen. Ihre Bitte ist verständlich. Das Bett an der Wand gibt ihr ein wenig Geborgenheit, mitten im Raum stehend, «haltlos», nimmt es ihr ebenfalls jeglichen seelischen Halt.

Nach neun Monaten Aufenthalt in der Anstalt erlaubt man Gertrud versuchsweise auszutreten und mit der Mutter in das romantische Haus am Genfersee zu ziehen:

«Patientin verläßt heute die Anstalt, nachdem sie sich überall verabschiedet hat. Sie ist sehr dankbar, etwas ängstlich, ob es wohl zu Hause gehen werde. War in letzter Zeit ziemlich selbständig, arbeitete viel beim Gärtner, malte etwas. Zeigt immer noch eine leichte Ambivalenz. Bei Abmachungen stehts unpünktlich.»

Die neun Monate in der Anstalt haben Gertrud verunsichert, statt ihr neues Selbstbewußtsein zu verleihen. Von einem solchen weiblichen Anspruch weiß man damals noch gar nichts, läßt vielmehr die Patientin vieles selbst entscheiden, was ihr zu schwer fällt, kontrolliert und bevormundet sie auf der anderen Seite in den täglichen Kleinigkeiten so, daß sie unfrei ist wie ein kleines Kind, und wundert sich nachher über ihre Zerfahrenheit, ihre Angst davor, mit der Mutter ins Waadtland zu gehen. Sie möchte dem Chefarzt noch vieles sagen, ist dann aber wieder zu befangen und verliert den Faden, das heißt, sie erinnert sich nicht mehr daran, was es war, meint denn auch, daß es zu früh sei für sie um auszutreten, oder, daß sie zu lange dagewesen sei.

Am 12. September 1922, fast genau ein Jahr nach ihrem ersten Eintritt, wird Gertrud P. nach Münchenbuchsee zurückgebracht.

Sie ist in Begleitung ihres Bruders und ihrer Mutter, die sagen, daß es in dem Ferienhaus nicht mehr gegangen sei, daß Gertrud Stimmungen unterworfen war und diese rasch wechselte, zeitweise aufgeregt war, Geschirr zerschlagen habe und so weiter.

«Die ebenfalls sehr wankelmütige Mutter hatte zwei- bis dreimal zu- und immer wieder abgesagt. Heute, wie nun Pat.[1] dagegen protestiert, daß ich sie in den Wachsaal nehmen wolle, nehmen Mutter und Bruder sogleich wieder ihre Partei, erklären, sie nehmen sie gleich wieder heim, wenn sie in den Wachsaal komme, da sie dies aufrege. Lassen sie aber, wie ich nicht nachgebe, doch da, allerdings unter Protest. Patientin unterschreibt widerstrebend die freiwillige

---

[1] Patientin

28

Eintrittserklärung... wolle ihr altes Zimmer haben usw.
Geht endlich widerstrebend in den Wachsaal. Veronal 0,5.»

Wieder beginnt alles von vorne. Zuerst ist sie einigermaßen
ruhig, es scheint ihr besser zu gehen, dann wehrt sie sich
erneut gegen den Wachsaal, möchte in ein Zimmer verlegt
werden, wird dann Tag für Tag, bzw. Nacht für Nacht
unruhiger:

«Schreibt ganz konfuse Briefe, drängte immer heftiger und
rücksichtsloser hinaus, stürzte sich auf die Türe, wenn jemand
kam, wobei es große Kämpfe mit den Wärterinnen absetzte.
Regte den ganzen Wachsaal so auf, daß die anderen nicht
mehr dort bleiben wollten. Daher vorgestern ins Isolierzim-
mer zu Frau Simon versetzt. Dort zuerst ebenfalls noch
starke Angst, drängte auch gestern noch hinaus. Dann ge-
stern mittag Umschlag: ruhig, freundlich, gefügig, fühle sich
viel wohler, es tue ihr leid, daß sie unartig gewesen sei usw.»

Man versucht es mit einem Zweierzimmer. Doch nach
einigen unfügsamen Tagen und Nächten muß sie wieder in
den Wachsaal. Sie verfällt zusehends, versucht zweimal
beim Spazierengehen durchzubrennen und kann nur mit
Gewalt wieder in die Anstalt zurückgebracht werden. Sie
schreibt einen Brief an die Mutter und schlägt dann mit dem
Kopf eine Scheibe ein, verletzt sich dabei leicht an der
Stirne. Sie ist im Wachsaal todunglücklich, schreibt, laut
Krankenbericht, «massenhaft jammernde und anklagende
Briefe». Auf den Arzt wirkt sie «freundlich, erotisch[1]» und
bittet ihn um Verzeihung. Sie möchte wieder aufstehen und

---

[1] Was wohl der Arzt darunter verstanden haben mag?

29

hinaus aus dem Saal, diesem Gefängnis. Immer heftiger verlangt sie nach einer Unterredung unter vier Augen.

Anstaltsbericht vom 10. Oktober 1922:

«Als ich ihr vor etwa 8 Tagen eine solche gewährte, hat sie erst heftig die alten Vorwürfe über Hartherzigkeit und mangelndes Verständnis wiederholt, ist mir aber dann ganz plötzlich und unvermutet um den Hals gefallen.»

Da alles «krankhaft» ist, was Gertrud tut, nimmt man weder ihre Vorwürfe über Hartherzigkeit und mangelndes Verständnis ernst, noch sieht man hinter dem Versuch, dem Arzt um den Hals zu fallen etwas anderes, als Überreizt- und Verrücktheit. «So etwas tut man doch nicht», würde ihre Mutter, stellvertretend für alle anderen, sagen. Es ist denn auch das einzige Ziel, ihr diese Flausen auszutreiben und sie ruhig zu machen:

«Seitdem alle Briefe von zu Hause sowie die Besuche unter-sagt sind und man sie im Saal ständig im Bett behält, macht sie entschiedene Fortschritte.»
(4. November 1922)

Das heißt: sie ist gleichmäßig freundlich, gefügig, positiv, verlangt aber immer wieder aufzustehen, «nimmt aber die Absage lachend hin.»
    Doch zwei Tage später ist sie schon wieder nicht mehr so fügsam, sondern:

«Wollte absolut Besuch haben. Wie ich ihn abschlug, kam sie plötzlich in Wut, schimpfte und warf mir Sachen an und

30

stürzte sich schlußendlich auf mich. Gleich nachher war es
ihr wieder leid und sie bat um Verzeihung.»

Von nun an ist Gertrud P. bis zu ihrem Lebensende ab-
wechselnd «normal» (liebenswürdig, charmant, witzig, hu-
morvoll und gescheit) dann wieder von «schizoiden Schü-
ben» (zerfahren, verstimmt, gereizt, nörgelnd, schwierig,
störend, deprimiert, über sexuelle Reizungen klagend usw.)
heimgesucht. Ihre Krankheit: daß sie sich nicht zusammen-
nehmen, ihre Stimmungen nicht unterdrücken, sie verdrän-
gen und verleugnen will oder kann.

Niemand geht auf ihre Störungen ein, denn sie sind
allesamt «negativistisch», das heißt, bereits krankhaft, sie
passen nicht in den Ablauf der «normalen Welt» hinein.
Gertrud's Klagen und Leiden, also das Aufbegehren einer
Frau, die ihre Weiblichkeit in die Waagschale werfen, ihre
Bedürfnisse ausleben möchte, sie haben überhaupt keine
Daseinsberechtigung. Man möchte vielmehr der «armen
Frau» helfen, ihren Weg wieder zu finden, sich einzuord-
nen, wieder «normal» zu werden.

Um dies zu erreichen, hat die Psychiatrie gerade zu
Gertrud's Zeit unmenschliche und makabre Erfindungen
gemacht, die auf verhängnisvolle Weise medizinisch ge-
rechtfertigt und hochgeachtet sind, obwohl sie an mittelal-
terliche Teufelaustreiberei erinnern.

Im Laufe der Jahre wird sie – gegen ihren Willen –
folgenden neuen Methoden unterzogen, um sie von ihrer
Geisteskrankheit zu heilen, das heißt, sie zu «beruhigen»:
In Münchenbuchsee kommt sie in den Wachsaal. Im Vergleich zu den anderen, späteren Beruhigungsmethoden
wirkt diese geradezu harmlos.

In der Heil- und Pflegeanstalt Waldau (im Volksmund

31

noch immer Irrenanstalt genannt, da diese erst vor kurzem umgetauft worden war), in welche sie am 19. Dezember 1928 gebracht wird, weil die privaten Institutionen zuviel kosten, ohne daß eine Besserung eingetreten wäre, wird sie zur Beruhigung regelmäßig in ein «Dauerbad» gesteckt. Das heißt, sie muß in einer Wanne voll Wasser liegen, die mit einem schweren Holzdeckel zugedeckt ist, aus dem nur der Kopf herausschaut. Eine danebensitzende Schwester wechselt das Wasser, wenn es zu kühl wird. In der Krankengeschichte ist festgehalten, daß Gertrud P. manchmal während mehreren Tagen (und Nächten) in diesem Dauerbad gelassen wird, daß aber der Erfolg mäßig bleibt.

27. September 1929:

«War morgens sehr aufgeregt, schimpfte und weinte über Hr. Doktor, schlug ihr Plateau[1] auf den Boden. Kam 8¾ morg. ins Dauerbad, bis 29. Sept. abends 7¾.»

30. Sept.

«Kam um 9½ Uhr ins Dauerbad, sträubte sich sehr dagegen. Kam um 8 h abends aus dem Dauerbad. Periode v. 25.–29. Sept.

2. Okt.

War morgens unruhig, zerschlug eine Tasse. Kam 7¼ h morgs. ins Dauerbad. Bekam abends 30 Tr. Somnifen.»

---

[1] Servierbrett

32

Später werden Schlafkuren mit ihr gemacht, die ebenfalls um diese Zeit herum erfunden wurden. Die Patientin wird mit Hilfe von Medikamenten über längere Zeit, Tag und Nacht, in einem Tiefschlaf gehalten. Eine umstrittene Methode, da dabei auch Todesfälle vorkommen. Gertrud wehrt sich vergeblich dagegen. Auch die Schlafkuren bringen keine Besserung, ängstigen aber die Ausgelieferte unnötig. Man versucht es nun mit der «Insulinkur», ebenfalls eine zu der Zeit erfundene, neue Methode um «Geisteskranke» wieder normal zu machen. Man spritzt dem Patienten Insulin, das Medikament für Zuckerkranke, in hohen Dosen. Auch diese Therapie übersteht Gertrud, ohne daß sie auch nur eine Spur Besserung erbringt.

Weit schrecklicher als diese Behandlung wird dann die neueste, medizinische Errungenschaft: der Elektroschock. Entgegen den Versicherungen der Ärzte, daß der Patient unter diesen Stromstößen durch das Hirn nichts merken würde, weiß man inzwischen, daß diese Behandlung ein schwerer Eingriff in die Persönlichkeitsrechte und dazu eine Tortur ist. Über Jahre hinweg wird bei Gertrud P. der Elektroschock angewendet, auch wenn sie sich gegen diesen ausdrücklich wehrt und sich davor fürchtet.

Auch durch diese neueste Modebehandlung tritt keine Besserung ein, im Gegenteil, Gertrud wird dadurch immer kränker, in der Zwischenzeit längst selbst davon überzeugt, daß sie nicht normal ist. Sie läßt sich immer mehr gehen, hat, wie es der lange pflegende Oberarzt Dr. Rolf Kaiser in Münsingen ausdrückt, «in der Anstalt mehr Freiheit als draußen, weil sie sich hier austoben kann, ohne daß man sich wundert.» So wundert auch sie selber sich schließlich nicht mehr. Aber nach wie vor leidet sie unter Angstzuständen und innerer Erregung. Um sich davon zu befreien, gebärdet sie sich wie eine Verrückte, schlägt Scheiben ein, greift Mitpatientinnen oder Wärterinnen an, schreit und ist sehr unrein und unordentlich. Eine ihrer Charakteristika: sie spielt gern mit Kot und Urin, zeichnet und beschreibt damit die Wände. (Sicher könnte ein Sexologe darin einen Zusammenhang finden.)

Trotz diesen heftigen und temperamentvollen Manifestationen, die ihre Umgebung stören, sind diese Störungen in keinem Vergleich zu dem, was sie selbst an Unruhe und Angst, eben an «Gestörtsein» mitmachen muß.

Gertrud P. wird auch im Alter nicht ruhiger. Ihre Zustände sind unverändert, als man sie in die Heil- und Pflegeanstalt (vormals Irrenanstalt) Münsingen zu dem berühmten Professor Max Müller verlegt. Nach wie vor wechseln Perioden der äußeren (und inneren) Ruhe, von freundlichem und liebenswürdigem, humorvollem Wesen (das zeigt, was für eine charmante und bezwingende, außergewöhnliche Persönlichkeit sie sein kann) mit Zuständen der Rebellion, der Zerstörungswut und Ver-rücktheit ab.

Im Jahr 1953 wird der Siebenundfünfzigjährigen die letzte, fragwürdige Heilmethode aufgezwungen, obschon sie sich und die Familie dagegen bis über den letzten Augenblick hinaus dagegen sträuben: die sogenannte Leukotomie, die Hirnoperation an «Geisteskranken», die von dem Portugiesen Antonio Moniz-Egas erfunden wurde und für die er den Nobelpreis erhielt. Gertrud P. hat sich vor diesem Eingriff wohl zu Recht schrecklich gefürchtet. Es ist gar nicht auszudenken, mit welchen Mitteln man sie schließlich auf den Operationstisch brachte und was für eine unsägliche Qual die ganze Prozedur für sie bedeutete. Trotz der hohen Auszeichnung ist diese Hirnoperation schon zu den Zeiten, als sie in den Irrenanstalten «Mode» wurde, sehr umstritten geblieben, doch Professor Müller war von ihr total überzeugt, und es ist interessant, wie dieser geachtete und so sehr sympathische Psychiater, der in seinen «Erinnerungen» immer wieder betont, wie sehr er sich für eine menschlichere Psychiatrie einsetzt, diesen Eingriff bei Gertrud P. gegenüber den Zweifeln der Familie und der Vormundschaftsbehörde rechtfertigt.

Natürlich hat diese Hirnoperation bei Gertrud P. absolut kein Resultat gezeigt, außer diesem, daß es für sie eine neuerliche Qual bedeutete und sie während ihrer ganzen Zeit in den Anstalten offenbar als eine Art Versuchskaninchen diente.

Heute sind alle diese radikalen Methoden und «Erfindungen» glücklicherweise fast ganz verschwunden und von den beruhigenden Psychopharmaka, den außerordentlich wirksamen, chemischen Medikamenten abgelöst worden, die zwar ebenfalls die Verletzungen der Seele nicht heilen, aber quälende Angst- und Erregungszustände effizient dämpfen können. Was noch fehlt in den technisch und hygienisch so ausgezeichnet modernisierten Anstalten, die heute vornehmer oder beschwichtigender «Psychiatrische Kliniken» heißen, ist die Lehre von der Seele, die Psychoanalyse, die, ausgegangen von Sigmund Freud, heute von so hervorragenden Befürwortern wie Morton Schatzman, Alice Miller und zahlreichen anderen mehr, vertreten wird.

Zu erwähnen bleibt noch, daß bei den beschriebenen, heute altmodischen Heilmethoden wie Elektroschock, Schlaf- und Insulinkur und Leukotomie selbstverständlich an einzelnen Patienten Fortschritte erzielt wurden. Gerade in einem gefährlichen und delikaten Bereich wie der Psychiatrie aber bedeuten diese Teilerfolge gar nichts. Wenn nicht ein hoher Prozentsatz von Heilerfolgen nachgewiesen werden kann, sind spärliche oder vereinzelte positive Resultate unbedeutend. Sie können durchaus daraus resultieren, daß die fragwürdigen Eingriffe bei bestimmten Patienten einen rein psychischen Effekt auslösen, der mit anderen, sanfteren Methoden, zum Beispiel eben der Analyse, des «auf den Menschen Eingehens und ihn wichtig Nehmens», gleichermaßen erzielt würden.

Auffallend ist, daß Gertrud P. (übrigens wie die mit einem ähnlichen Schicksal behaftete Bildhauerin Camille Claudel) von ihrer Internierung an nie mehr künstlerisch gearbeitet hat. Es fiel auch niemandem ein, sie dazu besonders anzuregen, man hielt sie lieber zum Zimmerdienst, zum Handarbeiten und zum Arbeiten auf dem Feld oder im Garten an.

Es soll deshalb mit dieser Publikation auch ein Zeichen gesetzt werden (wie schon vorgängig mit der erstmaligen öffentlichen Ausstellung ihrer Bilder[1]) für eine Frau und eine Künstlerin, die nie auch nur die geringste Chance hatte, sich selbst zu verwirklichen und sich «einen Namen zu machen». Sie verschwand vielmehr in der Versenkung und der Mantel des Schweigens wurde über sie gebreitet: ihren Namen zu nennen war schmerzlich und blieb ein Tabu. Die Anonymität einer Gertrud P. soll deshalb stellvertretend auch an das tragische Schicksal vieler anderer Frauen, die ähnlich am Leben und an der Gesellschaft scheiterten, erinnern. Will Kultur und die Rolle der Frau in unserer heutigen Zeit wirklich eine Aufgabe erfüllen und nicht nur eine bloße Alibifunktion darstellen, dann ist es wichtig, das Werk und Leben einer Künstlerin wie Gertrud P. in Erinnerung zu rufen, die an ihrer Kunst, aber doch

---

[1] Ausstellung im Herbst 1987 im «Casino» Bern

36

wohl in erster Linie an der Gesellschaft zerbrochen ist, und deren Werk denn auch unvollendet blieb, will man nicht die verwegene These wagen, daß in ihrer tragischen und unvorstellbar qualvollen, langen Krankheit die eigentliche Vollendung, um nicht zu sagen «die Vollstreckung» lag.

Betrachten wir also die stillen, schönen Bilder von Gertrud P. mit dem Respekt und dem Verständnis, die ihr tragisches Schicksal und vor allem ihr vielversprechendes Debüt in der Kunst- und Kulturszene verlangen: sie sind ein beklemmender Beitrag zur Kulturgeschichte (der Frau). Wir finden in dem noch vorhandenen und wie durch ein Wunder noch erhaltenen Werk (es lag zum Teil auf Estrichen und ging teilweise verloren) eine zu ihrer Zeit durchaus «moderne» Suche nach schöpferischer Harmonie: sie lernte, daß ein Bild in erster Linie «malerisch» zu sein hatte, und sie vermochte diesem Anspruch sosehr zu genügen, daß sie in ihre kreative Tätigkeit diese Gefühle, Schönheit und Liebe setzte, wie sie sie im wirklichen Leben nicht fand. Das Talent, etwas großes zu werden, die hohe Qualität der Strich- und Pinselführung, sie sind da. Doch zum Finden eines eigenen Stils, einer epochemachenden Revolution, das heißt, den Aufschrei ihrer Seele in ihre Malerei zu legen und damit auszudrücken, dazu war ihr nicht genügend Zeit und nicht genug Kraft vergönnt, oder aber, er fand anderswo statt.

*

Gertrud's Tod

Es ist der 30. September 1961. In dem abgedunkelten Krankenzimmer herrscht Stille, man hört nur die schwachen, aber heftigen Atemzüge der Patientin, die im Sterben liegt. An ihrem Bett sitzt ihr Bruder, ein angesehener Ingenieur im höheren Staatsdienst, (zu der Zeit aber bereits pensioniert), und nimmt mit einer zaghaften und ungeschickten Bewegung ihre Hand, um ihr Trost zu spenden.

Die Schwerkranke drückt sie und legt sie an ihre Wange, eine kleine Geste der Zärtlichkeit, die den hilflos Dasitzenden zutiefst erschüttert: er ist körperliche Berührung nicht gewohnt, sie waren den Kindern von der Mutter streng verboten und das – diese Kälte – ist ihm in Fleisch und Blut übergegangen.

Um so mehr berührt ihn nun diese letzte, kleine Zärtlichkeit der Schwester; sie erlaubt sich als Sterbende etwas, das sie im Leben nie durfte. Man könnte es auf einen einfachen Nenner bringen: vielleicht ist sie deshalb verrückt geworden.

Doch darüber nachzudenken ist hier, in dieser Stunde, müßig, hier geht ein Leben zu Ende, sein Schicksal ist vollbracht und niemand kann daran noch etwas ändern. Es ist nicht ein gewöhnliches Krankenzimmer, in dem Gertrud

P. stirbt: seine Fenster sind vergittert und die Türe kann von Innen nicht aufgemacht werden; selbst eine Sterbende muß man noch davor bewahren, daß sie sich selbständig macht, daß sie ein Fenster öffnet oder durch die Türe zu fliehen versucht, denn sie ist Insaßin einer Irrenanstalt, die man seit kurzer Zeit, etwas menschlicher, Heil- und Pflege-anstalt (heute Psychiatrische Klinik) nennt. Doch ihre Auf-gabe, ihr Kasernen- und Gefängnischarakter ist dieselbe, man hat noch kein Mittel gefunden, die den «Verrückten» mehr Freiheit gestatten; im Gegenteil, es ist wie in den modernen Aufzügen: die hundertprozentige Sicherheit kommt vor den menschlichen (Angst-)Gefühlen, für die keine Versicherungsgesellschaft auch nur einen Rappen bezahlt.

Gertrud P. ist fünfundsechzig Jahre alt, das blasse, aufge-dunsene Gesicht zeigt keine Spur mehr von der ehemaligen Schönheit, außer der geraden, feinen Nase vielleicht, die sich wundersam erhalten hat, was aber im übrigen Zerstö-rungswerk kaum mehr bemerkt wird.

Der kurze Männerschnitt der graumelierten Haare ver-stärkt noch den Eindruck eines unattraktiven Neutrums, dem nichts weibliches, nichts anziehendes, eben nichts «normales» mehr anhaftet.

Vierzig Jahre Anstaltsleben haben dieses ehemals schö-ne, regelmäßige Antlitz, die zarte, grazile Gestalt bis zur Unkenntlichkeit gezeichnet; die vordem blauen, strahlen-den und dichtbewimperten Augen sind jetzt geschlossen und nackte, dunkle Schlitze, tief vergraben in Tränensäcke und faltige Haut. Der früher schön gezeichnete Mund ist nur noch ein blauvioletter Strich, über dem auf der Oberlippe unweibliche, helle Bartstoppeln sprießen, und der Hals ist dick und fett.

Unter dem Haaransatz kann man eine dünne, gerötete Linie sehen: die Narbe der Hirnoperation, mit der man noch ein letztes Mal versucht hatte, der Patientin ihre «kranke Seele» herauszuoperieren und sie wieder «normal» zu machen. Gegen ihren Willen, da sie vor diesem Eingriff eine instinktive Abwehr und große Angst hatte. Selbst der Bruder zögerte mit seinem Einverständnis; sein Einwand kam, als sie bereits unter dem Messer lag. Ein Beweis, wie allmächtig die «Götter in Weiß» zu dieser Zeit hinter den Anstaltsmauern waren.

Es gibt für Gertrud P. keinen Menschen mehr auf Erden, als den Bruder. Als sie jung war hingegen, war es eines der Verhängnisse für sie, daß sie von der Bindung an die Familie nicht loskam, obschon diese sie überhaupt nicht verstand und gegen sie arbeitete, und es gehört zur Tragik ihres Lebens, daß sich der menschliche Kontakt, der ihr wahrscheinlich am meisten fehlte, sich nach dem Tode der Mutter und der Schwester nur noch auf den Bruder beschränkte. Dieser wird denn auch gerufen, als es mit ihr zu Ende geht. Jetzt sitzt er da, am Kopfende des Bettes der Sterbenden, und längst hat er sachte und ohne, daß es ihm selbst bewußt wird, die Hand von ihrer Wange weggezogen.

Die körperliche Berührung mit der Schwester ist ihm peinlich; selbst in ihrer Todesstunde kann er seine Hemmungen nicht überwinden, auch wenn ihn in jungen Jahren mit der Schwester eine inzestartige, wenn auch harmlose, Liebesbeziehung verband; das ist für ihn längst vergessen, oder wie man in der Fachsprache sagt: er hat es verdrängt.

Gebeugt wie ein Geschlagener starrt er auf die Daliegende; Stunde um Stunde, pflichtbewußt, sitzt er da, ohne ihr mehr als seine Anwesenheit bieten zu können.

Und Gertrud P., die noch bis vor kurzer Zeit ihre Erregungszustände nicht meistern konnte, während denen sie schrie und tobte, Pflegerinnen oder Mitpatientinnen angriff und mit dem Kopf Fensterscheiben einschlug, sie hat nun eine Art Überlegenheit in der Stunde des Todes, ruhig und gefaßt schaut sie ihm entgegen und die letzte Geste, der körperliche Kontakt, bzw. die Kontaktsuche, sie wirkt fast so, als wolle sie sich über seine Unbeholfenheit lustig machen, als hätte sie sich eine Art überlegenes Wissen, auf was es im Leben ankomme, durch all die Jahre hindurch bewahrt. Denn ihre Qual, ihre Verzweiflung und ihre Ängste, all das hat nun ein Ende. Fast ist es so, als wolle sie den Lebenden und nicht er die Sterbende trösten.

Als es Abend wird und der Tod noch immer nicht eingetroffen ist, macht man den Besucher darauf aufmerksam, daß es so noch lange weitergehen könne, Tage und Wochen, Monate vielleicht sogar. Er hat den Wink verstanden, und ohnehin schon mehrmals heimlich auf die Uhr geschaut, denn man erwartet ihn zu Hause.

So verläßt er das Krankenzimmer, blickt noch einmal mit einem schlechten Gewissen zurück, läßt sich durch die Versicherung, daß sie nicht unbewacht bleibe, nur zu gerne beruhigen. Der Besuch bei der Kranken ist ihm im Laufe der Jahre zur Gewohnheit, zur gedankenlosen aber sorgenvollen Pflicht geworden. Mit schnellen Schritten verläßt er den Raum, eilt durch den langen Flur, läßt sich von einer Wache die abgeschlossene Tür aufschließen und geht dann wie ein Fliehender zu Fuß zum Bahnhof, denn Autofahren hat er nie gelernt. Als hohem Staatsbeamten stand ihm allerdings stets ein Wagen mit Chauffeur zur Verfügung, wenn er beruflich verreisen mußte. Seit seiner Pensionierung bleibt ihm nur noch der Zug.

In der Nacht stirbt Gertrud P., nachdem sie noch wie eine tödlich verletzte Katze in Zuckungen verfällt, die nur einige Sekunden dauern. Dann haucht sie «friedlich», wie es heißt, ihre Seele aus.

Die Nachricht von ihrem Tod, durch eine Anzeige im lokalen Stadtanzeiger und durch Leidzirkulare bekannt gemacht, läßt Angehörige und Bekannte für kurze Zeit aufhorchen und sich verdutzt und irritiert an den Kopf greifen: «Wie, die lebte noch?» – Für alle ist sie doch schon vor vierzig Jahren verstorben...

Entsprechend armselig und still wird denn auch ihr Begräbnis. Keiner von den Freunden aus ihrer Künstlerzeit, niemand der entfernteren Verwandten kann sich aufraffen oder sich die Zeit nehmen, um sich herzubemühen. Nicht einmal die Kinder des Bruders, oder die Schwägerin, der Neffe und dessen Angehörige sind zu der Beerdigung gekommen. Und dem Bruder ist es lieber so, wird doch hier eine Familienschande zu Grabe getragen.

Die wenigen, die dann schließlich doch noch erscheinen, sind bemüht, einander immer wieder den grausam-banalen Trost zu bestätigen: «Es ist besser so für sie, es ist eine Erlösung für sie.»

Die sterblichen Reste kommen auf das Grab der Mutter und der Schwester, auf ewig vereint im Tode wie im Leben. Festgemeißelt in den Granitgrabstein bleiben die Namen der drei Frauen, die, jede für sich, eine tragische, leidvolle Zeit auf dieser Erde lebte und erlebte, selbst schuld daran scheinbar, und doch machtlos einem sogenannten Schicksal – einer verständnislosen Umwelt – ausgeliefert. Man könnte nun meinen, das Thema «Gertrud P.» sei mit ihrem Tod abgeschlossen und aus der Welt geschaffen worden. Da niemand sich mehr groß um sie gekümmert hatte, blieb ihr

Ableben fast unbeachtet, und man versuchte die Erinnerung an sie so schnell und so gründlich als möglich zu vergessen, bzw. loszuwerden, mit der bequemen Allerwelts-Ausrede, man solle eine Tote ruhen lassen und nicht mehr in vergangenen, längst überwundenen Ereignissen herumwühlen, das sei pietätlos und indiskret.

Doch sie irren: Der Versuch, das Thema totzuschweigen, ist eine bloße Schutzbehauptung, Angst und Flucht vor der Wahrheit, also eine uneingestandene Unsicherheit, das schlechte Gewissen vielleicht – denn man kann ein Problem nicht damit lösen, daß man es verdrängt. Und je mehr man davor flüchten will, desto unbarmherziger sucht es einen heim. Gertrud P. ist auf eine quälende und unheilvolle Weise lebendig:

Da ist einmal ihr Werk: Ölbilder, Aquarelle, Zeichnungen und Skizzen, eine Hinterlassenschaft, die unentwegt Signale auszusenden scheint, des Leids, der Fassungslosigkeit – der Anklage. So unübersehbar, so präsent, daß mancher Erbe die Bilder nicht aufhängen mochte; man wollte und wagte nicht, an die in Estrichen, Mappen und Schubladen herumliegenden Zeugnisse eines tragischen Künstlerlebens zu tasten, so, als ginge von ihnen noch ein Hauch des Bösen, eine unerträgliche Erinnerung, eine unheilbringende Macht aus.

Sie zu zerstören oder wegzuwerfen (wie man es eine zeitlang am liebsten getan hätte), dazu reichten Mut und die Abscheu auch nicht aus; man schätzte Gertrud's Talent, das unbestritten war, hatte aber Angst, der böse (kranke) Geist dahinter könnte sich rächen, die Erinnerung an das Unheil, an das Mahnmal, zu gegenwärtig bleiben.

Auf diese Weise ist Gertrud P.'s Werk wie durch ein Wunder zum großen Teil erhalten geblieben, wenn auch einige der schönsten Stücke, wie etwa das Selbstportrait in Pastell, ein Portrait des Bruders in Öl und eine Ansicht des Wohnzimmers mit der alten Frau Zarli beim Nähen mit zauberhaften Licht- und Schatteneffekten, durch Nachlässigkeit und Unachtsamkeit zerstört wurden.

Erst heute, wo man im Rahmen der Emanzipation und Aufwertung der Frau und des künstlerischen Frauenschaffens daran geht, sich an verkannte und vergessene Vertreterinnen des «schwachen Geschlechts» zu erinnern, kann die Bedeutung und die Tragik dieses Schicksals richtig erkannt und anerkannt werden. Aber auch die Familie darf aufatmen: sie wird durch diese Aufwertung von einem Alptraum, einem scheinbaren Fluch, der auf ihr lastet, befreit. Gerade weil man über Gertrud P. nie zu reden wagte, blieb das Andenken an sie so unerträglich beredt und wach. Jetzt erst, wo all das Unausgesprochene ausgesprochen und erklärt werden darf, kann man, wie Christopher Herold[1] sagt, ihr «in Form einer Biographie den Gnadenstoß erteilen», weil «endgültige Biographien nur geschrieben werden über Leute, die ganz und gar tot sind».

So wenig man sich wünscht, daß Gertrud P. «ganz und gar tot» ist, so wenig man glauben mag, daß sie je wieder ganz in Vergessenheit gerät, weil ihr Fall zu exemplarisch ist für unsere Gesellschaft, so sehr möchte man ihr wünschen, daß sie endgültig zur Ruhe kommt und nicht mehr als Angsttraum und Gespenst im Bewußtsein der Nachwelt herumgeistert. Ein erster Schritt, über ihre «endgültige Biographie» zumindest nachzudenken und ohne Angst zu diskutieren, ist mit der Entdeckung und der Ausstellung ihrer

---

[1] Christopher Herold (1896–1976): «Mistress to an age», The Bobbs-Merrill Co., Indianapolis/USA, 1959.

Hinterlassenschaft, ihres künstlerischen Werkes als einem beklemmenden Beitrag zur Kultur, zur Kulturgeschichte der Frau, geschehen. Es bleibt jetzt nur noch, zu erkennen und anzuerkennen, daß nicht nur die mit Millionen aufgewogenen Werke in Museen, sondern, daß auch das Scheitern von Künstlern und Künstlerinnen an der Kunst und an der Gesellschaft einen wichtigen Beitrag zur Kultur darstellen. Ohne diesen Aspekt wäre der ganze heutige Kulturbetrieb eine bloße Farce.

*

Gertrud's Leben

Interlaken um die Jahrhundertwende. Der pittoreske, kleine Ort im Berner Oberland, am Fuß der legendären Jungfrau mit ihrem ewigen Schnee, steht in seiner Hochblüte, seit die Engländer ihn als Urlaubsziel entdeckt und weltberühmt gemacht haben. Alles was Geld und Namen hat trifft sich hier in den Hotels Viktoria-Jungfrau, Beau-Rivage, Royal St. Georges, Bellevue, Metropol, Krebs und wie die verschnörkelten Fin du siècle-Luxuspaläste alle heißen. Hier wird Gertrud P. am 29. Februar 1896 geboren, in einem Schaltjahr, durch welches dieser (Geburtstag) Tag nur alle vier Jahre im Kalender auftaucht. Ein Zufall, der manche Leute dazu verleitet, darin eine tiefere Bedeutung, auch auf Gertrud's Schicksal bezogen, zu suchen.

Der Vater ist Apotheker aus einer angesehenen Dynastie. Er hat das schmucke Geschäft in der Postgasse und das Haus, in dem es sich befindet, im Zentrum von Interlaken geerbt.

Die Apotheke floriert, man ist einigermaßen wohlhabend und entsprechend angesehen. Gertrud ist das jüngste von drei Geschwistern. Die Kinder, zwei Mädchen und ein Knabe, sind ausgesprochene Schönheiten, mit goldigen Locken und himmelblauen, dicht bewimperten Augen; die

Familie repräsentiert exakt das, was man eine heile Welt nennt. Der Ausdruck «heile Welt» ist heute ein Klischee geworden und wird oft falsch verstanden und mißbraucht. Hier aber charakterisiert er dieses gehobene Bürgertum des 19. Jahrhunderts, das äußerliches Ansehen und eine saubere makellose Fassade über alles andere stellte, egal, wie (kaputt) es dahinter aussah.

So scheint der Apotheker mit seiner schmucken Frau und den drei prächtigen Kindern geradezu eine Bilderbuchfamilie zu sein, allesamt proper und engelhaft schön, und nur wer etwas besser beobachtete, müßte feststellen, daß der Bub, und vor allem die beiden Mädchen, einen schwermütigen, traurigen Ausdruck in den schönen Augen haben.

Das komme von den schwachen Nerven, wird später die Mutter angeben, da sie meint, darin ein altes Erbübel zu erkennen. Doch vielleicht schauen die niedlichen Kleinen auch nur deshalb so traurig in die Welt, weil sie zu lange für den Lichtbildkünstler posieren müssen. Denn das hat man sich nicht nehmen lassen, denn schließlich ist man wer, in dem renommierten Nobelkurort: die drei Prachtskinder werden von dem Fotografen, der auch königliche Hoheiten und die berühmtesten Zeitgenossen zu seinen Kunden zählt, kunstvoll abgelichtet.

In diesen Pionierzeiten der Fotografie ist eine Portraitaufnahme eine fast ebensogroße künstlerische Arbeit wie das Bild eines Malers; nostalgische Papmachédekorationen werden liebevoll um das Modell herumgebaut. Kein Wunder, dauert es für Klein-Gertrud und ihre Geschwister unerträglich lange, bis er endlich abdrückt. So vergehen die ersten vier Lebensjahre von Gertrud P. in scheinbar perfekter, großbürgerlicher Harmonie. Wollte man hier schon etwas für ihre Seele Schädigendes, Krankmachendes sehen, man müßte wohl hinter die fleckenlose Kulisse leuchten. Doch das interessiert zu der Zeit und auch später niemand; sehnsüchtig trauert man vielmehr dieser «guten alten Zeit» nach.

Gertrud ist vierjährig, als der Vater mit vierzig Jahren einen Hirnschlag erleidet. Er bleibt teilweise gelähmt und spricht durcheinander. Seine Frau läßt ihn auf Anraten des Hausarztes in die Irrenanstalt Münsingen verbringen.

Hier siecht er während zwei Jahren jämmerlich dahin. Wenn seine Frau ihn besucht und die Kinder mitnimmt, finden sie einen gebrochenen Mann vor, der weint, klagt und wieder nach Hause möchte. Er hängt zärtlich an seiner Familie und quält sie mit Ängsten und schwarzen Gedanken; er fürchtet – völlig unnötig – um ihre Existenz. Es kann auch vorkommen, daß er die Besucher nicht erkennt, sondern sich mit stereotypen Bewegungen mit der Hand an den Kopf schlägt oder in seinen Gedanken verweilt. Es heißt auch, daß er aus lauter Verzweiflung versuche, seinem Leben ein Ende zu bereiten.

All das bekommen die kleinen Kinder als frühkindliche, schreckliche Erfahrung mit, auch die, daß die Mutter den Vater – trotz seines flehentlichen Bittens – nicht mehr nach Hause nimmt.

Zwei Jahre nach seiner Einlieferung stirbt der Patient in Münsingen an einer Lungenentzündung. Er ist zweiundvierzig Jahre alt, die Diagnose: Hirnerweichung, also vorzeitige Verkalkung.

Von nun an sind die drei Kinder allein mit der Mutter, einer strengen, tüchtigen und gottesfürchtigen Pfarrerstochter aus Herrliberg am Zürichsee, welche den Haushalt mustergültig weiterführt und dem eher zarten, weichen und nicht sehr selbstsicheren Ehemann während seiner Krankheit eine bemerkenswerte Kälte entgegenbringt und ihn im übrigen schon immer unter ihrer Fuchtel hatte. Jetzt, nach dem Tod ihres Mannes, verkauft die junge Witwe – sie ist bei Gertrud's Geburt bereits siebenunddreißig Jahre alt – die Apotheke und zieht mit den Kindern von Interlaken weg, nach Bern. Hier besitzt sie mehrere Häuser, die sie aus dem Nachlaß der Familie ihres Mannes geerbt hat. In einem derselben, am Falkenplatz, also mitten im Zentrum der Stadt, richtet sie, mit ihren Fähigkeiten einer erstklassigen Hausfrau, im ersten Stock der Nummer 16 die große Wohnung behaglich ein, mit prächtigen Möbeln, die man ebenfalls geerbt hat und zusammen mit ihrem eigenen, in die Ehe eingebrachten «Frauengut».

Warum sie ausgerechnet nach Bern zieht hat verschiedene Gründe. Als protestantische Pfarrerstochter aus dem puritanischen Zürich fühlte sie sich in dem lebensfrohen und mondänen Kurort im Berner Oberland nie wohl und schon gar nicht zu Hause. Im übrigen allein die Apotheke weiterzuführen, daran ist für sie, die Muster-Hausfrau, nicht zu denken. Sie lebt noch ganz in den gesellschaftlichen (und weiblichen!) Moralvorstellungen ihrer Zeit: was eine anständige Frau ist, die hat in einem (männlichen) Beruf nichts zu suchen. In Bern findet sie zudem Verwandte und Bekannte, vor allem ihre zwei ledigen Schwestern, Agnes und Bertha, die nicht allzuweit im argauischen Zofingen wohnen. Von jetzt an kommen diese Schwestern regelmäßig zu Besuch und werden zu einem festen Bestandteil der vaterlosen Familie. Gertrud's Bruder Eugen ist in diesem Frauenhaushalt das einzige Mitglied männlichen Geschlechts. Entsprechend wird er bewundert und verzogen. Auch Gertrud hängt abgöttisch an ihm.

Die ganze Veränderung ihres Lebens, die unheimliche

Krankheit und der Verlust des geliebten Vaters, der Umzug nach Bern, das heißt, das Herausgerissenwerden aus der Geborgenheit der väterlichen Apotheke – mit den in Reih und Glied aufgestellten, warmschimmernden Gläsern und ihren lateinischen Aufschriften und dem typischen, unvergeßlichen Geruch –, aus der vertrauten Umgebung und den vertrauten Menschen, all das ist für die Kinder ein Schock und wird zum entscheidenden Bruch in ihrem Leben.

Doch dies beachtet die Umgebung kaum; es kommt der schwergeprüften Mutter und ihren Schwestern, von denen die eine Lehrerin ist, gar nicht in den Sinn. Für sie haben Kinder die weinen oder gar Unglück, das heißt, Schwäche manifestieren, wie man in der Familie schon weiß, bzw. befürchtet, «schwache Nerven». Diesen ist am besten mit Zucht und Strenge und erbarmungslosen Strafmaßnahmen beizukommen. Nicht selten werden die Kinder, um ihnen Angst oder Trauer auszutreiben, in den dunklen Keller oder in den Besenschrank gesperrt.

Daß Gertrud die Umstellung doch nicht so gut, wie man meint, ertragen hat, zeigt sich, als sie kurze Zeit später, mit sieben Jahren, in die erste Klasse der Primarschule eintritt. Ihre Leistungen sind so schwach, daß man sie aus dieser kostenlosen Normalinstitution herausnimmt und in eine teure Privatschule steckt. Denn alle sind sich einig: dieses Mädchen ist hochintelligent und hat nur große Schwierigkeiten sich zu konzentrieren.

Nach vier Jahren macht man dann den Versuch, Gertrud in die städtische Mädchensekundarschule überwechseln zu lassen, das Höchste an Bildungsstätte, das den Frauen zu dieser Zeit als «normaler» Werdegang zur Verfügung steht. Eine Frau gar das Gymnasium besuchen, sie studieren zu

50

lassen, das ist für die vertrocknete Altjungfernmentalität, die von nun an in Gertrud's Familie regiert, undenkbar. Zudem zeigt das intelligente Mädchen ohnehin kein Interesse, länger als nötig die Schulbank zu drücken, hapert es bei ihr ja vor allem an der Fähigkeit, sich aufs Lernen zu konzentrieren.

Doch in der Mädchensekundarschule fühlt sich Gertrud alsbald am richtigen Platz. Sie wird sogar so etwas wie eine Leitfigur, weil sie mit ihren elf Jahren eine rebellische Selbstsicherheit, gepaart mit weltfremder Naivität ausstrahlt, die in Momenten von blitzendem Witz und Anstiftung zu kühnen Streichen, dann aber auch wieder in träumerischer Versunkenheit ihren Ausdruck finden.

Nicht nur die Mitschülerinnen, auch die Lehrer sind von dem zierlichen Mädchen mit den dicken, blonden Zöpfen und den tiefgründigen, blauen Augen fasziniert.

Sie zeigt in allen Fächern, besonders im Kopfrechnen, eine verblüffende Auffassungsgabe und Schnelligkeit, mit der sie selbst die schwierigsten Aufgaben im Handumdrehen löst. Der cholerische Rechnungslehrer behält sie als seine Lieblingsschülerin im Auge. Aber auch die Klassenlehrerin zeichnet sie aus: sie schreibt so herrliche Aufsätze, daß die Lehrerin sie der Klasse vorliest. In den Fächern Singen und Zeichnen überflügelt Gertrud rasch alle.

Doch was ihr weiterhin fehlt, das sind Ausdauer und Konzentrationsfähigkeit. Sie läßt dadurch selbst in den Fächern, die ihr größte Leichtigkeit bereiten, allmählich nach, und das Nachlassen ihrer Leistungen wird um so unerbittlicher registriert, als sie mit ihrer Intelligenz und Begabung begeisterte. Die besorgte Mutter muß bald einmal das vernichtende Urteil hören, das in ihrem frommen Herzen Furcht entfacht: ihre Tochter Gertrud ist eine

Blenderin. Und einzelne Lehrer, allen voran der unbeherrschte Rechnungslehrer, lassen sie schnell und gnadenlos fallen. Wäre nicht die einflußreiche, sanfte Klassenlehrerin, die die ungewöhnliche Schülerin längst in ihr Herz geschlossen hat und versucht, es vor der banalen und grausamen Umwelt zu schützen, dann wäre Gertrud wohl sitzengeblieben oder gar aus der Schule herausgenommen, und einmal mehr aus einer vertrauten Umgebung gerissen – innerlich zerrissen – worden.

So aber bleibt sie einmal himmelhochjauchzend, das heißt, mit exzellenten Leistungen, mal zu Tode betrübt, mit schlechtesten Noten in der angestammten Klasse, sehr zur Freude der Mitschülerinnen, die alle für das bildschöne Mädchen schwärmen; sie ist für sie «unser Idol».

Im Turnen ist Gertrud übrigens auch merkwürdig schwach. Sie kann der körperlichen Betätigung und den sportlichen Übungen rein gar nichts abgewinnen, vielleicht, weil die Mutter ihr schon früh ihre Verachtung allem Körperlichen gegenüber, als vom Teufel besessen, eingeflößt hat. Dafür aber betätigt sie um so mehr ihren regen Geist und ist damit allen anderen überlegen. Sie gibt überall den Ton an, wobei gerade ihre schwankenden Leistungen, ihre Respektlosigkeit, ihr Mangel an Strebertum, den Reiz ihrer Persönlichkeit ausmachen. – Gegen den Willen ihrer Mutter setzt sie es durch, Zeichenunterricht zu nehmen. Die Lehrerin hat die überdurchschnittliche Begabung, die bestürzende Andersartigkeit, die Zerbrechlichkeit hinter kühnem und verzweifeltem Auftrumpfen erkannt und ihr den privaten Unterricht bei der Malerin Marguerite Frey vermittelt. Nur widerwillig gibt die Mutter ihre Einwilligung. Sie sträubt sich gegen diese «brotlose Kunst» und meint, zuviel Malen und Zeichnen rege Gertrud nur auf.

52

Hier ist es nun nicht nur ihre bürgerliche Einstellung, die die strenge Frau vor einer künstlerischen Tätigkeit warnt. Sie machte damit bereits eine unheilvolle Erfahrung: ihr Bruder, ebenfalls ein hochbegabter Maler («es liegt in der Familie»), hat sich mit einundzwanzig Jahren aus Liebeskummer umgebracht. Der Gedanke an diesen Selbstmord, mitten aus einem blühenden und vielversprechenden Leben – aber auch die unmißverständlichen Suiziddrohungen ihres verstorbenen Mannes – sitzen der geplagten Frau wie der Bote eines drohenden Unheils im Nacken.

Doch läßt sie sich von der begeisterten Lehrerin und schließlich auch von der stürmischen Tochter umstimmen. Diese hat ja schon längst gezeigt, daß es ihr ein Bedürfnis ist zu malen und zu zeichnen, und daß sie gar nicht mehr ohne das leben kann.

Keinesfalls handelt es sich bei ihr um eine bloße Salontätigkeit wie bei anderen, wohlerzogenen Damen aus gutem Hause. (Was der besorgten Mutter weit willkommener wäre.) Mit vierzehn Jahren malt Gertrud auf Leinwand und in Öl wie eine Große; ihre Begabung eröffnet ihr eine Welt der Träume und der Freiheit, in die sie flüchten kann aus der bürgerlichen Enge der bigotten Welt. In der Fachsprache nennt man es anders, es spricht sich herum: sie ist ein Wunderkind, eine geniale Begabung.

Bald bezeichnet Marguerite Frey sie als ihre begabteste Schülerin und schreibt ihr in ihr Poesiealbum «Ratschläge für eine junge Malerin», aus der ihre Begeisterung hervorgeht und das als eines der wenigen, noch erhaltenen Dokumente über Gertrud's Leben erhalten blieb. Die dazu gehörende Karikatur der Unterrichtsstunde zeigt, daß hier ein ganz anderer Geist regierte als in dem puritanisch strengen Zuhause. Gertrud lernt eine gelöste und freiheitliche At-

mosphäre kennen, in der Arbeit nicht nur Mühsal und
eiserne Pflichterfüllung bedeutet, sondern Fröhlichkeit,
Entspannung und Lust.

Auch als Marguerite Frey sich mit Victor Surbek verheiratet und mit ihm zusammen eine Malschule gründet, bleibt
Gertrud der Lehrerin treu und wird schnell das Aushängeschild der Schule.

Marguerite Frey-Surbek, wie sie sich als Künstlerin von
nun an nennt, ist seit 1905 Privatschülerin von Paul Klee. Es
ist für sie selbstverständlich, auch ihre Lieblingsschülerin mit
ihm bekannt zu machen und sie darf wohl als Vermittlerin
der Unterrichtsstunden gelten, die Gertrud P. von nun an
bei dem großen Meister nimmt.

Sie finden in Bern statt, anläßlich von Klees regelmäßigen
Aufenthalten in der Schweiz und später in München, wohin
ihm Gertrud folgt und in den dortigen Künstlervereinigun-
gen Aufnahme findet. Man darf annehmen, daß sie für
kurze Zeit dem Kreis der Maler und Freunde von Paul
Klee mit Kandinsky, Macke, Marc und anderen angehört
hat. Aber nicht einmal mehr das Datum dieses Münchner
Aufenthaltes ist heute noch festzustellen; er wird nur in der
Krankengeschichte und durch mündliche Überlieferung er-
wähnt, denn alle Zeugnisse dieses Unterrichts und der
Beziehung von Gertrud P. zu Paul Klee sind von der
Familie sorgfältig und mit wütender Akribie vernichtet worden. Ein solcher Umgang, der nicht den geordneten, bür-
gerlichen Gepflogenheiten entsprach, konnte für eine junge
Frau und ihre Angehörigen nur eine Schande sein.

Im Nachhinein gibt die Mutter denn auch voll tiefster
Überzeugung der Malerei, und allem was mit ihr zusam-
menhing, die Schuld an Gertrud's späterer «Geisteskrankheit».

54

Daß die Beziehung zur Lehrerin und, vor allem, zum Lehrer Paul Klee trotzdem eine große – allzugroße Bedeutung für Gertrud bekam, das scheint erwiesen: Gertrud sucht und braucht den Umgang mit Menschen, die wie sie in der Kunst, in der Malerei Erfüllung und Befreiung finden. Nur bei ihnen fühlt sie sich geborgen und verstanden und entsprechend frei von Zwängen, die ihr schließlich die Luft zum Atmen nehmen. Was sich in ihr abspielte, ob sie Paul Klee nur heimlich verehrte, oder ob sie sich zu einer leidenschaftlichen Beziehung, die vielleicht nur in ihrer Einbildung bestand, hinreißen ließ, darüber schweigt ihre Geschichte, das heißt, sie ist zum Schweigen verdammt worden; man kann es nur noch aus den spärlich erhaltenen Zeugnissen wie ein Puzzle zusammenzusetzen versuchen.

Von ihrem 16. bis zum 25. Lebensjahr ist Gertrud P. diese grazile, hübsche, genial begabte, unaufhörlich künstlerisch tätige und damit in einem heute unvorstellbaren Maße gegen die eigene, bürgerliche Familie kämpfende und lebende, erwartungsvolle, suchende, junge Frau, wie wir sie aus zwei noch vorhandenen Fotos, einigen Selbstportraits und den noch erhaltenen Bildern kennen. Interessant scheint dabei, daß sie offenbar in der Kunst nicht die Abstraktion, nicht den Aufschrei erlösender Figurenkompositionen wie etwa ihr Lehrer, sondern Harmonie, Ordnung und Ruhe suchte. Die Abstraktion, die Mathematik des Leidens und der schmerzlichen Fieberphantasien, sie fanden nicht in ihrer kreativen Tätigkeit, auf der Leinwand, sondern in ihr selbst statt, wie oft bei Frauen: sie mußte dem, das sie in ihrem Innersten aufwühlte und ihre Begabung entzündete, einen äußeren Halt, die Kraft der Schönheit und der Liebe entgegensetzen, um in dieser Welt nicht zu schwanken und abzustürzen.

Denn sie lebt in einem steten Zwiespalt, der sie zwischen Realität und Wunschtraum hin- und herreißt und zerreißt: nach äußerem Schein und Erscheinung eine wohlerzogene, zarte und hübsche junge Frau aus gutem Hause, die von der Mutter dazu erzogen und immer wieder dazu angewiesen wird, zu allem Sorge zu tragen, nur makellos saubere, frisch gebügelte und gestärkte Kleider zu tragen, die Hausarbeiten, diese Zierde der Frau, also Waschen, Nähen und Bügeln, das Flicken und das Stricken und das Sticken als etwas Ehrenvolles und Edles anzuschauen und es ja nicht zu vernachlässigen, hat sie sich in den Kopf gesetzt, Malerin zu werden.

Diese Tätigkeit ist aber zu der Zeit nicht einmal ein Beruf, sondern eine «brotlose Kunst», also – für eine Frau gar – etwas durch und durch Unseriöses.

Gertrud hat keine Aussicht, sich damit einmal Lorbeeren, geschweige denn das Leben zu verdienen, auch wenn Fachleute sie loben und ihr eine große Zukunft voraussagen.

Sie weiß und wird täglich daran erinnert, daß ihre Familie gegen ihre künstlerische Tätigkeit ist und davor Angst hat, sie könnte durch sie in schlechte Gesellschaft kommen oder zum Bösen verführt werden – daß sie aber von diesem Bedürfnis und dieser Zuflucht – dieser Berufung – nicht lassen kann berücksichtigt niemand. Dieser Zwiespalt belastet sie übermäßig. Sie ist dafür weder erzogen, noch lebt sie in einer Zeit, die den Frauen Rücksichtslosigkeit und Egoismus gestattet. Die Malstunden, die Gesellschaft Gleichdenkender oder gar eine Schwärmerei, der Anfang einer Liebschaft, das alles muß sie sich heimlich abstehlen, es hinter dem Rücken der Mutter und der Tanten, aber auch der Geschwister tun. Das braucht großen Willen und Kraft, vielleicht mehr, als der zarten und zerbrechlich wirkenden jungen Frau zur Verfügung stehen. Ihr Anderssein, ihr Genie, ja, ihre Schönheit und Intelligenz, sie kann sie in dieser Gesellschaft nicht ausleben, im Gegenteil, sie machen sie zur Außenseiterin, sie wird dadurch tödlich einsam. Als einzige tanzt sie in der respektablen Familie aus der Reihe. Die vier Jahre ältere Schwester, eine fügsame, schwermütige Schönheit, ist Haushaltungslehrerin geworden; sie heiratet mit vierundzwanzig Jahren einen Tierarzt aus der französischen Schweiz und zieht ins Welschland, wo sie ein Jahr später einen Sohn, Gertrud's vielbewunderten Neffen Jean («Hansueli») auf die Welt bringt. Der Bruder absolviert ein Hochschulstudium, wie es sich für einen Mann aus guter Familie gehört. Er wird Kulturingenieur.

Gertrud aber ist Malerin, eine heranreifende, eigenwillige und doch noch kindlich-naive, beängstigend kreative und überschwengliche Künstlerin.

Über ihre Pubertät ist nichts bekannt, da man zu dieser Zeit nicht über solche «unanständigen» Sachen redet. Sie wagt nichts von ihrem Blut zu sagen, als dieses sie zum erstenmal mit diesem «Verbotenen», ihrer eigenen Sexualität und Geschlechtsreife konfrontiert. Sie bezeichnet es der Mutter gegenüber als Magenbeschwerden, die ihr zu schaffen machen, sosehr, daß sie sich dabei erbricht.[1]

Zwei Männer gibt es nur in Gertrud's Leben: den Bruder und den Lehrer. Der Bruder Eugen ist, wie sie, keusch und verlogen erzogen, doch bleibt er, als einziger Mann in der Familie, für Gertrud der vielbewunderte und zärtlich geliebte «Geni». Da lose Freundschaften mit dem anderen Geschlecht ohne feste Absichten streng verboten sind, ent-

---

[1] Auffallend, daß sich Gertrud P. später in der Anstalt oft erbricht.

schädigt man sich mit kleinen, natürlich harmlos-platoni-
schen Spielen: Bruder und Schwester hängen abgöttisch
aneinander und es kann schon mal vorkommen, daß der
mädchenhaft zarte «Geni» die drei Jahre jüngere Schwester
mit seinen dicht bewimperten, blauen Unschuldsaugen be-
gehrlich anschaut und mit irgend einem erpresserischen
Versprechen in den Keller lockt. Hier muß sie sich vor ihm
ausziehen, der junge, angehende Mann starrt mit brennendem Blick auf die jungfräulichen Brüste – den beflaumten
Schoß – doch käme es ihm nicht in den Sinn, sie zu
berühren, das ginge an Kühnheit des Verbotenen hinter
dem Rücken der Mutter dann doch zu weit.

Für Gertrud ist es nur ein Spiel. Sie ist sich als Malerin an
das Aktstudium, das heißt, Menschen – Männlein und
Weiblein – nackt zu sehen, längst gewöhnt. Es bereitet ihr
eine Art lustvoller, teuflischer Freude, sich das Gesicht der
Mutter vorzustellen, wenn diese entdecken würde, was sie
mit dem Bruder, dem Unschuldsengel, alles treibt.

Sie haßt die Mutter in solchen Augenblicken und kostet
den Haß wie eine Entschädigung für viele hundert Strafen
und Demütigungen lustvoll aus, doch macht ihr das im
Handumdrehen auch wieder übermäßige Angst, da sie die
strenge Leitfigur fürchtet und von ihr abhängt.

Als Gertrud 18jährig wird, ist es eine andere, größere und
unheimlichere Macht als die Mutter, die ihr den Pinsel aus
der Hand nimmt:

Der erste Weltkrieg ist ausgebrochen und die Männer
werden eingezogen. Die Frauen müssen lernen, sich einzu-
schränken und mit den rationierten Lebensmitteln auszu-
kommen, den Soldaten die Uniformen im Stand zu halten
und Wäsche und Socken in Massen zu flicken. Kunst ist in
solchen harten Zeiten ein ungehöriger Luxus; man tut

58

besser daran, seine Kräfte in den Dienst des Vaterlandes zu stellen, auch wenn dieses neutral und nicht im Krieg ist. Öl ist knapp, Ölfarben gar nicht zu erhalten. Die Malerin Marguerite Frey-Surbek organisiert ein Hilfswerk für notleidende Soldatenfamilien und interessiert sich glühend für das Kriegsgeschehen und die Politik. Sie findet fast gar keine Zeit mehr, an die Malerei zu denken, und Paul Klee ist längst in Deutschland, vielleicht als Soldat an der Front – vielleicht schon tot.

Gertrud's Bruder ist einen Tag eingerückt, dann aber als dienstuntauglich wieder nach Hause zurückgekommen. Man hat bei dem verwöhnten jungen Mann einen Herzfehler herausgefunden. Erleichtert empfangen ihn die Frauen wieder im Schoße der Familie. Der vertraute Kreis, die sanfte Tyrannei der bürgerlichen Zwänge bleibt intakt. Dem eigenen Kleinkrieg in den vier Wänden ausgeliefert, hört man unter einer Glasglocke von Wichtigkeit des täglichen Kleinkrams davon, daß um das neutrale Land herum auf den blutigen Schlachtfeldern tausende von Soldaten fallen, und daß draußen der große Krieg tobt.

Gertrud bleibt Gefangene. Der Aufruhr der Welt vermag nicht die Enge des Frauenhaushaltes zu sprengen, im Gegenteil, sie wird, in Abwesenheit von Kunst und Künstlern, mit Macht in diese Lebensform zurückgeworfen, die nichts für Frauen – für ihre Sehnsüchte und Träume von Befreiung übrig hat, denn Krieg ist ja eine – die grausamste – Form der Herrschaft des Mannes. Gertrud flieht – statt in die Malerei in die persönliche Aufopferung: sie wird Pflegerin im Inselspital. Als eine Grippewelle ausbricht, ist sie mitten im Geschehen, sie wacht und schuftet inmitten der Kranken, Tag und Nacht, bis zur Erschöpfung. Man hat keine Zeit, sich darüber zu wundern, daß die zarte Person

sich nicht ansteckt. Ein übermenschlicher Wille, die ange-
spannten Nerven machen sie immun. Sie wird der Engel
der Gefallenen.

Als der Krieg nach vier Jahren zu Ende ist, nimmt
Gertrud die Malerei wieder ernsthaft auf (sie hat sie natürlich auch in diesen vier Kriegsjahren nie ganz aufgegeben),
der Bruder geht für einige Studienjahre nach Leipzig, Paul
Klee ist plötzlich wieder da und wird die einzige Vertrau-
ens- und Bezugsperson, an die sich Gertrud klammert. Sie
braucht mehr denn je diese Bestätigung, daß ihre Berufs-
wahl nichts Verwerfliches, nichts Verachtenswürdiges ist.
Ja, sie braucht sie wie die Luft zum Atmen, sonst erstickt
sie noch in der Enge der mütterlichen Prachtswohnung, in
der die drei vertrockneten, prüden Frauen, die Mutter und
die beiden unverheirateten Tanten, unaufhörlich über die
Schlechtigkeit der Welt schimpfen und klatschen.

Da ist es selbstverständlich, daß die junge Malerin aus
dieser Atmosphäre von Naphtalin- und Küchengeruch flüch-
tet, daß ihre Kunst in erster Linie Befreiung und Suche
nach Zärtlichkeit bedeutet. Wer wäre dazu besser geeignet
als der Lehrer, der mit den gleichen Schwierigkeiten, dem
Unverständnis der Bürgerwelt, kämpft?

Wie weit Gertrud sich der Illusion hingibt, sie könnte für
den Lehrer mehr als nur die Schülerin bedeuten, wie weit
sie ihre naiven Verführungskünste ausspielte, oder nur darauf wartete, selbst verführt zu werden, ob der Lehrer davon
überhaupt etwas bemerkte, eine Sympathie für die begabte,
junge Künstlerin empfand und ihre Gefühle sogar bis zu
einem gewissen Grad erwiderte, das ist nicht bekannt, so
etwas durfte ja niemand wissen. Einzig aus den Zeugnissen
von Marguerite Surbek-Frey ist überliefert, daß Gertrud P.
Paul Klees Lieblingsschülerin war.

Dieser ist zu der Zeit noch nicht der weltberühmte, anerkannte und mit Gold aufgewogene Künstler. Er bleibt vielmehr bis zu seinem Lebensende ein Suchender, der die Malerei pedantisch, fast wie ein pflichtbewußter Beamter betreibt und der auch erst heute der Maler ist, um den sich die größten Museen der Welt reißen. Zu Gertrud's Zeiten ist das anders; es gibt von ihm noch nicht einmal eine Ausstellung, und gutbürgerliche Stützen der Gesellschaft wie Gertrud's Mutter haben für eine solch verrückte Malerei überhaupt kein Verständnis. Kein Wunder, enthält sich Gertrud, zu Hause von ihm zu reden oder gar von ihm zu schwärmen. Sie hütet ihre Gefühle wie ein süßes Geheimnis, wie dies zu jener Zeit alle heimlich verliebten Frauen tun.

Paul Klee ist fast zwanzig Jahre älter als Gertrud; er steht in der Hochblüte seines Lebens und seines Schaffens. Seine dunklen Augen strahlen ein glühendes, inneres Feuer aus, das wie schmerzvolle Sehnsucht aussieht.

Was könnte besser dazu geeignet sein, bei der in einer kalten und verständnislosen Umgebung frierenden und sich einsam fühlenden Schülerin glühende Bewunderung und Zuneigung zu entfachen?

Doch auch da sind gleich wieder die Grenzen, die Barrieren, an die die Freiheitsdurstige, Hochbegabte immer wieder von neuem schmerzlich stößt: verboten, verboten, unerreichbar, was dich innerlich bewegt... In irgendeiner Form hinter dem Rücken eine Romanze auszuleben – viel schlimmer noch, als was sie mit dem Bruder im dunkeln Keller trieb – sondern ja, erst noch mit einem verheirateten Mann, an das – an ihn zu denken, das ist ihr versagt. Sie muß dafür die schrecklichsten Konsequenzen befürchten. Da ist er wieder, der fürchterliche Zwiespalt: Gertrud muß für ihre Begabung, ihr Genie, also ihr Anders-, Außerge-

wöhnlich-Sein, einen hohen – einen zu hohen Preis be-
zahlen:

Mit fünfundzwanzig Jahren haben sich all ihre Gaben,
ihre jugendliche Schönheit und ihr von Geist sprühender
Charme, ihre Berufung und Begabung zur Malerin ins
Gegenteil verkehrt. Wie, sie hat noch keinen Mann gefunden? Was nutzt ihr da der teure Zeitvertreib? «Was die
Leute interessiert, ist nicht deine Arbeit, sondern du selbst,
deine blauen Augen, dein keckes Auftreten. Von der Bildhauerei (Malerei) reden sie dann später ...» heißt es bei
Camille Claudel – es könnte ebensogut für Gertrud P.
gelten. Die Keckheit war nun Launenhaftigkeit geworden,
der Mutwille altjüngferlicher Starrsinn, die Offenheit
schlechter Charakter, die Menschenkenntnis und Schlag-
fertigkeit Bosheit. «Und während Bourdelle – auch ein
ehemaliger Schüler Rodins – für jeden ‹der Bildhauer Bourdelle› war, blieb sie nach wie vor ‹Camille Claudel, eine
geniale Frau und Schülerin Rodins.› Die Bildhauerei ist für
sie nur Zeitvertreib.»[1]

Doch «Gertrud P., eine geniale Frau und Schülerin Paul
Klees», das sagt in Bern niemand. Nicht einmal das.

Sie lebt nicht in Paris. Und Paul Klee ist nicht der Gigant
Rodin, noch lange nicht, in der Schweiz dieser altbewährten
Demokratie, die es nicht gerne sieht, wenn einer – oder gar
eine! – aus der großen Masse heraussticht. Außerordentli-
ches, Begabung, ja – Genie, das wird hier mit Mißtrauen
betrachtet und eher als gefährlich empfunden; die empfind-
liche Volksseele hat nicht gerne «Extrawürste» und es geht
noch lange Zeit, bis das Berner Kunstmuseum sich mit dem

---

[1] Anne Delbée: «Der Kuß». Kunst und Leben der Camille Claudel.
Goldmann Taschenbuch, S. 307

Namen Paul Klee schmückt. Daß Gertrud P. (eine gewisse Gertrud P.) seine Schülerin ist, das bedeutet gar nichts. Im Gegenteil, mit fünfundzwanzig Jahren ist sie bereits auf dem Weg, ein «altes Mädchen – eine alte Jungfer» zu werden, eine Sitzengelassene, die keinen Mann fand und entsprechend am Sinn des Lebens vorbei ging und ihr Ziel verfehlte, hört sie hinter vorgehaltener Hand munkeln und flüstern; in dieser Gesellschaft, vor allem in ihrer Familie, ist all das, was sie auszeichnet, überhaupt nichts wert. Frauen haben zurückhaltend zu sein, sanft, fügsam, gehorsam sich den Aufgaben des «schwachen Geschlechts» mit edler Vornehmheit hinzugeben.

Ausgeschlossen also für Gertrud, die von niemandem Anerkannten Anerkannte, in ihrer ganzen Bedeutung gewürdigt zu werden. Als Malerin hat sie noch einen weiten Weg, und um berühmt zu werden, müßte man erst entdeckt werden. Es fehlt ihr auch immer wieder an Geld, denn sie hängt finanziell ganz von ihrer Mutter ab. Die meisten ihrer Bilder malt sie von nun an nicht mehr auf teure Leinwand, sondern auf billigen Malkarton, meist beidseitig, kleinformatig.

Und je älter sie wird, desto weniger weiß sie, ob die Malerei überhaupt das ist, was ihr helfen könnte. Denn das, was es heißt, so ein richtiges, gesundes Selbstwertgefühl, eigenes Selbstbewußtsein zu empfinden, hat sie noch nie erlebt. Im Gegenteil, es wird ja dauernd an ihr herumgenörgelt, kritisiert und gezweifelt, sie hat niemanden und nichts, das ihr hilft, all diesen Widerständen zu trotzen. «So zog sie sich noch mehr in ihre Einsamkeit zurück, wurde immer menschenscheuer. Für sie gab es nur noch die Bildhauerei (Malerei). Sie w a r die Bildhauerei, kannte keinen Vater, keinen Liebhaber mehr. Und wenn sie einmal gestorben ist, werden die Leute sagen ‹Sie war eine Frau›. Mit jener Bewunderung, die man einem großen Toten entgegenbringt.»[1]

Man muß es noch einmal sagen: es gibt zu dieser Zeit nicht einmal für den großen Paul Klee die Möglichkeit einer Ausstellung. Alle Museen und Kunstgalerien, die sich heute um ihn reißen, verweigern dem Künstler das Verständnis für sein Werk, wie seinem Tagebuch zu entnehmen ist. Wie sollte da eine junge, mittellose, wenn auch vielversprechende Malerin wie Gertrud P., eine Möglichkeit zu Anerkennung und vor allem Ermutigung finden?

Wer von all den Frauen, die heute malen, würde es noch tun, wenn man damit nur Spott und Hohn, statt Ansehen und Anerkennung ernten würde?

Denn zu dieser Zeit ist die Frau in ihrer Gleichberechtigung noch lange nicht anerkannt. Es bedeutet alles andere als eine Ehre, Künstlerin zu sein.

Wäre Gertrud weniger intelligent, weniger anspruchsvoll sich selbst und ihrer Arbeit gegenüber, sie könnte sich mit dem Lob und der Bewunderung, die ihr von Kollegen und dem Lehrer zukommen, trösten und darauf ihre Kraft aufbauen, um ihren eigenen Weg zu gehen. Sie könnte, wie Marguerite Frey-Surbek, einen Maler heiraten und sich durch ihn von der feindlichen Umwelt schützen. Doch Gertrud ist dazu viel zu behütet, und es wäre ausgeschlossen, der Mutter einen Maler als Schwiegersohn ins Haus zu bringen. Zudem ist sie selbstkritisch und hellwach, sie ist mit ihrer Malerei nicht zufrieden, möchte Größeres, «Männlicheres» (wie Paul Klee) leisten.

Eine Studienreise nach München zum Lehrer kann sie bei

---

[1] Anne Delbée: «Der Kuß», S. 307

der Mutter durchsetzen. Doch ist diese zeitlich beschränkt. Als Gertrud kein Geld mehr hat, versagt ihr die Mutter weitere Unterstützung. Die Dreiundzwanzigjährige kommt folgsam zurück. Eine weitere Studienreise ermöglicht ihr ein Stipendium der Stadt Bern (Burgergemeinde, Zunft zu Zimmerleuten), nach Paris, der Stadt der Träume für jeden Künstler.

Doch aus dem Brief der inzwischen Vierundzwanzigjährigen klingt erstaunliche Unsicherheit, die zeigt, wie sehr sie abhängig ist von zu Hause, wie behütet im familiären Kreis.

Brief an den Bruder Eugen P. dipl. Ing.
Bern, den 5. Febr. 1920

Lieber Geni!

Hier schickt dir die Mutter die Wäsche u. ich sende dir dazu meinen Abschiedsgruß, denn nächste Woche, am Freitag fahre ich nun zum «Städtele n'aus». Ich wollte eigentlich erst am 16. reisen, doch hat mir die Pensionsdame geschrieben, sie habe jetzt ein leeres Zimmer, so daß ich nun nicht länger warten will. Ich werde, wie mir Herr Wilhelm geraten, über Delle-Belfort fahren und dann in Paris von den Verwandten von Wilhelm's abgeholt und in die Pension, die sich im Quartier Latin befindet, begleitet werden. So hoffe ich denn, ungeschoren an mein Ziel zu gelangen ohne mit «mais oui» die Leute versichern zu müssen, daß ich auch französisch spreche.

Ich habe eben das Tagebuch von Delacroix fertig gelesen und es hat mich etwas in Pariserstimmung gebracht. Wie freue ich mich auf all die Kunstwerke denen ich dort begegnen werde, namentlich der Louvre muß doch wunderbare Dinge enthalten. Es ist etwas unangenehm für mich allein reisen zu müssen, da es der Nachtzug ist der um 8 Uhr von

Bern fortgeht und um 9 Uhr morgens in Paris ankommt. Die
Zoll- und Paßgeschichte ist dann mitten in der Nacht um
1 Uhr. Alice Enz wollte aber nicht schon jetzt, sondern erst
Anfangs März reisen, so daß ich nun allein gehe. Du wirst
also dann das weitere von mir aus Paris hören. Mutter wird,
wenn Marie Ende nächster Woche auch fortgegangen sein
wird nun mit Mathildeli allein sein. Anneli[1] hat jedoch im
Sinn diesen Frühling noch einmal nach Bern zu kommen
und nachher geht die Mutter dann zu ihr, so daß sie dann
nicht so lange allein ist.

Ich werde übrigens mein Stipendium auch bald «verputzt»
haben (obwohl der Kurs jetzt haarig ist) und wohl anfangs
Juni wieder retour kommen... Ich war letzthin mit Mutter
in einem Vortrag der Kunstgesellschaft von Dr. Morgentha-
ler[2] über «ein Geisteskranker als Künstler.» Er sprach mit
Lichtbildern von einem Patienten der Waldau, der, im Ge-
gensatz zu dem Schöpfer unserer Skulptur, Bilder malt, die
ganz verrückt, aber sehr dekorativ und schön sind. (Wie
Teppiche teilweise.) Es war ein außerordentlich fesselnder
Vortrag.

Ich schließe, indem ich dir also Lebewohl sage und ich
schicke dir, sowie Mutter die herzlichsten Grüße.

Mutter läßt dir sagen, daß die zuletzt geschickte Wäsche
noch nicht gewaschen sei, darum nicht mehr Nastücher und
Unterhosen dabei seien.»

Dieser Brief vor ihrer Parisreise, das einzige, erhaltene
Briefdokument vor ihrer Erkrankung (Internierung), ist
ein aufschlußreiches, ja, geradezu erschütterndes Dokument. Es zeigt auf der einen Seite die rührende Verbunden-

---

[1] Die Schwester von Gertrud
[2] Ein Bruder des Malers

heit mit Mutter und Bruder (sie ist vierundzwanzig, der Bruder siebenundzwanzig Jahre alt und beide wohnen noch zu Hause), eine selbstverständliche Rücksichtnahme und Interesse für die Familie, wie es heute nicht mehr üblich ist. Auffallend auch immer wieder Gertrud's warmer, fröhlicher und herzlicher Ton.

Aber sie wirkt nicht abenteuerlustig, eher ängstlich sieht sie der Zugsreise – allein, durch die Nacht, entgegen, das Studium der Kunst, der Besuch im Louvre, das ist alles, an das sie denkt, was sie von Paris erwartet.

Merkwürdig berührt wird man im Nachhinein durch ihren Hinweis auf den Vortrag über «Ein Geisteskranker als Künstler». Ohne Zweifel handelt es sich hier um den zu dieser Zeit noch unbekannten Maler Wölfli, der dann später zu gleicher Zeit wie Gertrud P. in der Irrenanstalt Waldau interniert ist. Ihr Urteil ist treffend und vorausblickend. Wölfli ist heute entdeckt und berühmt geworden.

Was hat der Vortrag bei der knapp Vierundzwanzigjährigen angerührt? An welche Grenzen, welche Abgründe ist er herangelangt?

Ihr Leben besteht nach wie vor aus dem Zwiespalt der Prägung und der Abhängigkeit von der braven, bürgerlichen Familie und der Suche nach Freiheit in und durch die Malerei.

Mit wem besucht die Vierundzwanzigjährige den Vortrag? Natürlich mit der Mutter. So ist sie auch in der Weltstadt Paris nicht von der Bindung an sie, an die Familie frei.

Was sie in der Lichterstadt und Kunstmetropole machte, wie sie sich dort fühlte, wen sie kennenlernte, warum sie ohne Zögern und Bedauern (?) bereits nach einigen wenigen Monaten wieder nach Bern zurückkehrt, das ist nirgendwo aufgezeichnet, bzw. nicht mehr erhalten. Man kann auch hier wiederum nur vermuten:

Der Pariser Aufenthalt ist schon im voraus zeitlich bemessen: solange das Geld des Stipendiums reicht. Gertrud, gewohnt, der Mutter zu gehorchen, aber auch, behütet und umsorgt zu sein, hat weder die nötigen Finanzen, noch genug Selbstbewußtsein, um in dieser Stadt, die den Künstlern eine geistige Heimat und Anregung bietet, länger zu verweilen. Vielleicht waren ihre «schwachen Nerven» dem Großstadtleben auch nicht gewachsen. Vielleicht sehnte sie sich zurück zum Lehrer, Paul Klee.

Oder hat das Studium der großen Meister im Louvre, das pulsierende Leben der Großstadt mit dem selbstverständlichen, unbürgerlichen Flair, dem Anspruch der Künstler, von der Gesellschaft anerkannt, berühmt und integriert zu sein, ihr die eigenen Grenzen, die Aussichtslosigkeit, in der verschlafenen, bürgerlichen Provinzstadt, von der eigenen, übervorsichtigen Familie jemals Unterstützung und Sympathie, gar Anerkennung zu erlangen, vor Augen geführt?

Einige Monate nach ihrer Rückkehr aus Paris, kurz vor ihrem fünfundzwanzigsten Geburtstag, sitzt Gertrud P. wie jeden Tag in ihrer zum Atelier umfunktionierten Mansarde im mütterlichen Haus am Falkenplatz und malt. Fünfundzwanzig Jahre, ein halbes Jahrhundert wird sie alt; die Zahl schwebt drohend und unfaßbar im Raum, wie sie – es ist kein Schaltjahr, sie wird keinen Geburtstag haben, und doch fünfundzwanzig – wo sind sie, diese Jahre? Wo stehen sie geschrieben – und wo ist er, dieser neunundzwanzigste Februar 1921, der gar nicht existiert?

Gertrud fühlt eine Gänsehaut über dem Rücken, das Herz klopft wild, das Nordlicht des Ateliers, streng und kalt, scheint sich zu verdunkeln, das angefangene Bild, das ganze Zimmer ist klein, weit weg, sie meint, ohnmächtig zu werden, da alles von ihr wegschwimmt, fern und fremd wird, doch starrt sie mit offenen Augen ins Leere, die Palette mit den Farben in der einen, den Pinsel in der anderen Hand, mit steifem Rücken, kerzengerade aufgerichtet, wie sie es als Anstandsregel gelernt hat. Dann fängt sie an zu zittern, die Malutensilien fallen ihr aus der Hand, sie springt auf, zum Fenster, greift sich an den Kopf, sieht sich um, als ob jemand sie bedrohe. Eine wahnsinnige Angst lähmt sie, sie öffnet den Mund um zu schreien, aber kein Laut kommt heraus. Sie weiß nicht, vor was sie Angst hat, das ist es, was sie halb wahnsinnig, «verrückt» macht. «Fremdgefühle», wird sie es später nennen, dieses Grauen, das zwischen sie und die Wirklichkeit eine unsichtbare Wand legt, sie in der Luft schweben läßt, ohne Halt, ohne Bezug oder Beziehung, schwebend in einem Nichts, einer Welt, die sie ausstößt, in die sie nicht mehr gehört, die nicht mehr für sie existiert oder für die sie nicht mehr existiert, sondern irgendwo im leeren Raum – ins Nichts aufgelöst – herumgeistert, wie dieser 29. Februar, an dem sie geboren wurde und den es doch nicht gibt.

«Wie aus heiterem Himmel» habe es sie überfallen, wird sie später angeben, eine unbeschreibliche, unheimliche, unerklärbare «verrückte» Angst bzw. «Angst vor der Angst»; pochende, fiebrige Erregung ohne Grund, die sie verfolgt und quält und in die Flucht treibt, ohne daß sie eine Bewegung macht und der Aufruhr sie nur innerlich zerreißt. Das hindert sie daran, sich auf die Arbeit oder irgend sonst etwas zu konzentrieren. Stumm, in sich gekehrt, sitzt Gertrud später mit der Familie am Eßtisch, totenblaß, mit der Frage, die sich wie ein Kreisel im Kopf dreht und dreht und sie martert: diese Angst, diese Angst, wie kann sie mit ihr (weiter) leben, essen, schlafen?

Doch der Mutter und den anderen Familienmitgliedern fällt nichts auf. Gertrud ist wohlerzogen, sie hat gelernt, sich auch in den größten Spannungen und schlimmsten Situationen zusammenzunehmen und sich nichts anmerken zu lassen. Es ist das Resultat strenger, christlicher Erziehung: man frißt alles in sich hinein und hat es sich abgewöhnt, über Dinge, die einem bewegen zu sprechen, ja, man kann gar nicht mehr aus sich herausgehen: es wäre der Tochter unmöglich, sich der Mutter anzuvertrauen. In einer solch braven, gutbürgerlichen Familie gibt es keine Probleme, darf es keine geben.

So quält sich Gertrud mit ihrer Angst, ihren «Fremdgefühlen», ihrer inneren, fiebrigen Erregung monatelang unbemerkt herum. Wertvolle Zeit vergeht; sie weiß nicht, daß gerade diese Fähigkeit, sich zusammenzunehmen ein Beweis dafür ist, daß sie nicht wahnsinnig ist. «Wer über gewissen Dingen den Verstand nicht verliert, der hat keinen zu verlieren», sagt der Dichter W. E. Lessing. (Emilia Galotti, 1772, IV. 7.) Doch das kommt Gertrud nicht in den Sinn. Bei ihr geht es nicht um den Verstand; der funktioniert schmerzlich klar, analysierend, selbstzerstörerisch: es kocht und brodelt und schäumt in ihr drin: wenn aus einem geschlossenen Kessel der Dampf des kochenden Wassers nicht entweichen kann, muß es zur Explosion kommen. Täglich erwartet Gertrud sie, die Erlösung oder die Katastrophe, wenn damit nur das Fieber in ihr drin gelöscht wird.

Doch jemandem etwas davon zu sagen, das wagt sie noch immer nicht, über ihre schlimmen Zustände, die sie vor allem nachts, aber auch tagsüber, wenn sie in ihrem Atelier allein ist, überfallen. Sie leidet stumm, mit zugeschnürter

70

Kehle und klopfendem Herzen, sie schläft nicht, ißt nichts und arbeitet mechanisch, geistesabwesend, ohne dabeizusein, wie im Traum. Der Mutter fällt nichts auf, außer, daß die Tochter blaß und schmal ist und beim Essen nicht zugreift. Es erzeugt bei ihr nichts als die ewige Lamentei, daß der Tochter die Malerei nicht gut tue.

Hätte Gertrud den Mut, sich einmal ohne diese Übermutter jemandem anzuvertrauen, einem vernünftigen Arzt, dem Lehrer vielleicht, man hätte ihr helfen können und sie damit trösten, daß solche Zweifel und Ängste für den Künstler ganz normal sind und aus ihrem Zwiespalt von bürgerlicher Prägung und der Sehnsucht nach Liebe, der befreienden Kunst und «verbotenen» Dingen leicht abzuleiten und erklärbar seien.

Wie wir später noch sehen werden, sind durch das brave, bigotte Milieu in Gertrud P.'s Unterbewußtsein ein schlechtes Gewissen und Schuldgefühle, bei gleichzeitigen, übersteigerten Lebenserwartungen gezüchtet worden, die sie von Innen her bedrohen und bestrafen – da sie «nichts erreicht hat» – ohne daß sie es weiß.

Sie sieht sich jetzt, mit 25 Jahren, als Versagerin. Sie hat nichts erreicht, das ihr Selbstbewußtsein stärken und bestätigen könnte. Ihre Begabung, ja vielleicht ihr Genie, die sind ihr eher im Weg, da sie sie an einem «normalen» Leben, der Geborgenheit durch Anerkennung der Gesellschaft, in der sie lebt – leben muß – hindern. Das Resultat sind quälende Angst und Minderwertigkeitsgefühle, bei gleichzeitigem, durch ihre Gaben absolut berechtigtem und gesundem «Größenwahn», die sich aneinander reiben, mit Gewalt Auslösung suchen und schließlich – explodieren. Schlußendlich hält sie es – nach etwa einem halben Jahr – nicht mehr aus; sie vertraut sich ihrer Mutter an. Diese, im höchsten Maße erschreckt, unangenehm berührt, sucht Hilfe beim Hausarzt. Er empfiehlt die Irrananstalt. Wie sehr Gertrud leidet, wie selbstkritisch und luzide sie ist, sieht man daran, daß sie sich sofort einverstanden erklärt, einen Krankenaufenthalt zu versuchen. Es bleibt ihr gar nichts mehr anderes übrig, als die Hoffnung, daß man sie damit wieder «normal» macht. Alle ihre außergewöhnlichen Gaben, selbst ihr anerkannt ungewöhnliches, künstlerisches Talent, sie sind nichts anderes als eine ungeheure Verschwendung in einer Zeit, in einem Milieu und in einer Gesellschaft, in der man dafür kein Verständnis hat, in der sie verkümmert, wie eine schöne (seltene) Blume, die ohne Wasser verdorrt. Einmal hinter Anstaltsmauern versenkt, kommt Gertrud P. daraus nicht mehr heraus. Sie wird Versuchskaninchen für eine Medizin, die weibliche Probleme nur als Krankheit sieht und sie auf männliche Weise, nämlich rein wissenschaftlich zu erklären und zu heilen versucht.

Gertrud P. bleibt bis an ihr Lebensende hinter Anstaltsmauern. Vierzig Jahre lang ist sie da lebendig begraben, doch wäre es falsch und zu bequem, zu sagen, oder entschuldigend zu meinen, daß ihr Leben damit abgeschlossen war. Sie wird auch da – wenn auch für unsere Begriffe im negativen Sinn – zur Leitfigur, ein Star: sie ist die weitaus schwierigste, lauteste und lärmigste, aufbegehrende Patientin, sie kämpft und wehrt sich gegen das Versorgt- und Lebendigbegrabensein mit nie erlahmender Kraft und Intelligenz: ihre Aussprüche und Aufschreie enthalten eine beklemmende Logik und Selbstanalyse. Einer der Ärzte, der damals renommierte und erst vor kurzem hochbetagt verstorbene Professor Klaesi soll von ihr gesagt haben: Sie ist uns allen (an Intelligenz) überlegen.

Doch ist man zu dieser Zeit (und auch heute noch) davon überzeugt, daß «Genie und Irrsinn» nahe beieinanderliegen. Es kommt niemandem in den Sinn, Gertrud P. einfach nur zu helfen, auf ihre inneren Ängste und Fremdgefühle einzugehen und sie zu analysieren und zu entlasten, wie man das heute in solchen Fällen erfolgreich versucht, sondern man hatte den Ehrgeiz, sie zu heilen, eben, ihr den Teufel, bzw. den Wahn-Sinn, die Verrückt-Heit mit Radikalmethoden auszutreiben. Dazu gehörten nicht nur die überaus qualvollen Elektroschocks, Schlafkuren, die Hirnoperation und das Einsperren in dunkle, enge Zellen, sondern ohne Zweifel auch die (Alibi-)Versuche, sie aus der Anstalt zu entlassen, zu der Mutter zurückzuschicken.

Daß Gertrud selber diese dominierende, strenge und herzlose (angepaßte) Frau als gefährlich, als «schuld an ihrer Krankheit» bezeichnete, das nahm niemand ernst, sondern man sah es einfach als zu dem Krankenbild gehörend an.

So lebte Gertrud noch vierzig Jahre lang, unvorstellbar qualvoll und unfreiwillig interniert, als noch existierender, körperlich funktionierender Mensch und eine Art medizinisches Versuchskaninchen. Sie endete wie ihr Vater, dessen Andenken und Erinnerung unvergessen und unbewältigt in ihrem Unterbewußtsein weiterspuckte, in der Irrenanstalt, wo sie 1961, fünfundsechzigjährig starb.

Es ist an der Zeit, daß man aufhört, ihre Krankheit als Fluch, als unbegreifliches Schicksal für eine Familie, eine Verrückte als Angehörige zu haben, zu sehen, ein Alptraum, verheerend und tragisch, der unverdaut und unbegriffen in Kind und Kindeskindern weiterspukt. Konfrontation ist vielmehr die einzig mögliche Bewältigung, und man kann Gertrud P. nur gerecht werden und ihr vielleicht ein wenig Abbitte für ihr grenzenloses Leid und Leiden leisten, wenn man ihr den Respekt nicht verwehrt und sich diese vierzig Jahre Anstaltsleben in ihrer ganzen Tragik vorstellt und versucht, dem Thema seinen Schrecken, vor allem aber sein Tabu zu nehmen.

«Der Schrecken hat sie für immer in eine defensive Haltung gebannt!

Ah! Da würden wir uns umsonst bemühen, sie bei der Hand zu nehmen und in unsere Arme zu schließen. Man hat ihr zuviel angetan! Ihr Leute, die ihr an Kräften nicht zuviel habt, um sie zur Verteidigung eines schlechten Gewissens zu sammeln, erkennt ihr euch nicht in dieser Ähnlichkeit? Und ich selber, bin ich sicher, dieses panische Gesicht nicht schon manches Mal vor dem Spiegel heraufbeschworen zu haben?»

(Paul Claudel, *Herr, lehre uns zu beten.* Anne Delbée: «Der Kuß», Seite 353).

*

Aufzeichnungen aus Gertrud P.s Anstaltsleben 1921–1961

Mit Vergleichen aus dem Dossier Camille Claudel[1]

Aus der Krankengeschichte von Gertrud P.
1. Nov. 1921:
«Gestern Konsultation mit Dr. E. König. Tritt heute, beglei-
tet von der Mutter, ein. Hat selbst energisch in die Anstalt
verlangt, nach der Entscheidung aber angefangen zu zögern.
Gibt klar über sich Auskunft. Sei vorher gesund gewesen,
habe aber seit Februar zunehmend Ängstigungen, Vorstel-
lungen, dazu körperliche Gefühle, die sie erschrecken. Möch-
te, daß ihr gründlich geholfen wird. Fühlt, daß die Sache
immer mehr zunimmt, daß die Gefühle schwinden, daß sie
die Herrschaft über sich selber verliert usw.... Sieht zart
aus...»

Dossier Camille Claudel (S. 147)
«Nach und nach wird ihre Existenz schwieriger. Zwar
nimmt ihr Ruf als Künstlerin zu, ihr Talent wird mehr und
mehr anerkannt, aber gleichzeitig wird sie immer gefährde-
ter. Wenn man in diesem Maße gedrängt wird vom Dämon
des Produzierens, geht man im Stolze seiner Leidenschaft zu

---

[1] Anne Delbée: «Der Kuß». Kunst und Leben der Camille Claudel. Goldmann Taschenbuch.

Grunde, wie schmerzlich das auch sein mag. Man kann wohl bittere Entmutigung und fürchterliche Enttäuschungen erleben, man bleibt, was man ist: ein unvergleichlicher Künstler.»

Aus der Krankengeschichte von Gertrud P. (Fortsetzung vom 1. 11. 1921)

«Die Mutter gibt an: Vater hatte mit 40 Jahren einen Schlaganfall, dann Hirnerweichung, drei Jahre in Münsingen, dort gestorben, ist aber schon vorher sehr nervös gewesen... Geschwister der Mutter haben alle schwache Nerven... Eine Schwester der Mutter war auch eine zeitlang ähnlich wie Pat. wurde aber von selber wieder gut, studierte Musik und gibt nun Klavierstunden, hat aber auch einen hysterischen Charakter. Mutter ist oft, wie sie sagt, durch Schicksalsschläge arg drunten, so auch jetzt der Tochter wegen; keine Aborte, keine Kinder gestorben. Pat. ist das jüngste von ihren drei Kindern, die ältere Schwester ist verheiratet, der Bruder Ingenieur, doch haben alle drei schwache Nerven... nahm schon während der Schule Malstunden, einen Winter in München, drei Monate in Paris usw. Hat nur Kinderkrankheiten durchgemacht, keine Grippe, trotzdem sie Grippekranke pflegte. Ist überhaupt nicht empfänglich gegen Ansteckung. Vertiefte sich dann immer mehr ins Malen, war immer weniger zufrieden mit ihren Leistungen; wollte durch Malen verdienen, machte Entwürfe für Bilder usw. Das freie Malen nahm sie viel stärker her als das Malen nach der Natur & die Mutter ist überzeugt, daß das Malen sie aufregt. Seit Ende Februar Ängstigungen, die immer mehr zunehmen. In letzter Zeit gesellen sich Selbstvorwürfe dazu.»

76

Dossier Camille Claudel (S. 152)
«Es zeichnen sich bereits Symptome ab, die noch schlimmer werden, die gefährliche Angst vor Verfolgung, Verfolgungswahn, die krankhafte Lust der Geheimnistuerei...»

Krankengeschichte von Gertrud P. vom 3. 11. 21.
«Auf einfache Fragen über ihr Leben geht sie nicht ein, sondern sie kommt immer wieder auf ihre Einbildung zurück, ohne sagen zu können, aus was dieselben eigentlich bestehen.»

Dossier Camille Claudel (S. 20))
«Von 1906 an zerstört sie systematisch mit dem Hammer alle ihre Werke des Jahres. Ihre beiden Ateliers bieten einen erbarmungswürdigen Anblick der Zerstörung und Verwüstung... dann ließ sie einen Fuhrmann kommen dem sie es überließ, die Scherben irgendwo zu begraben, jämmerliche und unkenntlich gemachte Scherben. Dann legte sie die Schlüssel unter den Fußableger und verschwand für Monate, ohne Angabe einer Adresse. In dem alten Wohnhaus des Quai Bourbon fängt man an, sich zu sorgen, sich aufzuregen. Zuviel Geheimnis umgibt diese Erdgeschoßwohnung, mit den geschlossenen Fensterläden und der Türe, die sich nicht mehr öffnet, höchstens für die seltenen und flüchtigen Besuche einer Art Phantom. Es genügt aber, daß die Neugierigsten die unglaubliche Unordnung, den unvorstellbaren Schmutz erspähen können, der darin herrscht. Der verpestete Ort verströmt unerträglichen Gestank.»

Brief i. S. Gertrud P.

Waldau-Bern, vom 28. 1. 1935

Sehr geehrter Herr,
Wir bedauern, auf Ihren Vorschlag, Ihre Schwester, Fräulein
Gertrud P. in ein Zimmer zu versetzen, nicht eintreten zu
können. Die beiden Hindernisse sind ihr überaus lautes We-
sen und ihre überaus arge Unreinlichkeit...

Sie streicht Stuhlgang an Türe und Wände, macht mit
Vorliebe einen Brei aus Stuhl und Urin auf dem Sitzbrett des
Nachtstuhls und streckt morgens den Eintretenden ihre
braunen Hände mit freundlicher Miene zum Gruß entgegen.
Keine Kranke der gesamten Anstalt braucht annähernd so-
viel Bettwäsche, die Leintücher müssen etwa alle zwei Tage
gewechselt werden. Den unausstehlichen Geruch, der gele-
gentlich am Morgen in der Zelle herrscht und die Unrein-
lichkeit entschuldigt sie z. B. mit dem Vorwurf, sie habe kein
Papier erhalten, obwohl ihr solches reichlich verabfolgt
wird.»

Dossier Camille Claudel (Seite 207)
«In Paris. Camille, verrückt, reißt die Tapete in langen
Streifen herunter, ein einziger, zerbrochener und aufgerisse-
ner Fauteuil, schrecklicher Schmutz. Mit verschmiertem Ge-
sicht spricht sie mit monotoner, heiserer Stimme.»

Krankengeschichte von Gertrud P. vom 5. 7. 51
«Trotz tel. Vorbereitung traf die Pat. keinerlei Vorbereitung
für die neuerliche Internierung, vielmehr traf man sie an, wie
sie den Kopf in eine Cuvette steckte, herumschlug und grob
schimpfte. Nach 2 Stunden Schwierigkeiten, Überredungs-
versuchen, Packen etc. mußte die Polizei mobilisiert wer-
den. Pat. sprang indes davon, wälzte sich am Boden. Flüche

wie Bauernlümmel, Grobiane, fortlaufende Reden, Schläge
gegen die Scheiben und den Vormund belebten die Auto-
fahrt nach Münsingen. In Thun mißlang ihr ein Versuch, die
Wagentüre zu öffnen und abzuspringen. Zu Hause hatte sie
die Matratze zerrissen, das Bett aufgestellt und dann umge-
worfen...»

4. 8. 51

Nach ihren eigenen Angaben treten diese Erregungszustände
meist am Morgen nach dem Erwachen auf oder auch wenn
sie unter Einwirkung von Sedativa in einem gewissen Däm-
merzustand sich befinde. Die Erregung rühre daher, daß sie
in diesen Momenten glaube, den Kontakt mit allen Menschen zu verlieren und deshalb in großer Angst gerate.
    Eine gewisse Krankheitseinsicht scheint noch vorhanden
zu sein, sie glaubt auch, in der freien Natur käme es ihr gar
nicht in den Sinn, so zu toben, eine große Schuld daran habe
das Anstaltsmilieu, das beständige Gefühl des Eingeschlos-
senseins, die Enge des ganzen Anstaltslebens.

«Sie läßt sich fortführen. Ohne ein Wort, mit gestutzten
Flügeln. Die Zwangsjacke ist angelegt.
    Draußen wartet der Krankenwagen.
    10. März 1913. Die beiden Pferde wiehern unter der
Peitsche, Gitter und Stöße. ‹Heute vor vierzehn Jahren hatte
ich die unangenehme Überraschung_ zwei bis auf die Zähne
bewaffnete, behelmte, gestiefelte und in jeder Beziehung
bedrohliche Schergen in mein Atelier eindringen zu sehen.
Traurige Überraschung für eine Künstlerin.› (Camille Claudel, 1927)
(Der Kuß, S. 382)

Krankengeschichte von Gertrud P. vom 5. 9. 1951

«Pat. ist in den letzten Tagen unlenkbar geworden, schreit in der Nacht laut und anhaltend, trommelt gegen die Türe, ist auch tagsüber so unruhig und laut, daß sie fixiert werden mußte. Ein Dauerbad erbrachte keine wesentliche Beruhigung. Pat. war vom ständigen Schreien völlig heiser. Es wurde daher gestern mit einer Elektroschock-Behandlung begonnen, in Form eines Blockes, bislang wurde die Behandlung gut vertragen. Gleichzeitig wird eine Herztherapie durchgeführt mit Strophosid, später auf Digitalis übergehend.»

7. 9. 51

«Heute 3er Block beendet. Pat. war nach der gestrigen ES[1]-Behandlung unverändert laut, klammerte sich an die Stäbe des Fenstergitters und schrie gellend nach dem Regierungsinspektor, dem Professor etc. Eine Inj. Sop. erbrachte kaum Besserung. Die Nahrungsaufnahme war in den letzten Tagen nur ungenügend, so daß Pat. jetzt auch körperlich schlechter aussieht...»

18. 3. 52

«Die zwei ES-Behandlungen haben nicht viel Erfolg gezeigt. Frl. P. war höchstens drei oder vier Mal auf Abtlg. V., dann schaffte sie es einfach nicht mehr.»

5. 4. 52

«Um die schwer erregte Pat. wenigstens vorübergehend zur Ruhe zu bringen, wird eine ES-Behandlung (Block) durchgeführt.»

---

[1] ES = Elektroschock

80

31. 8. 51
«Pat. registriert selber die Verschlechterung ihres Zustandes, klagt, daß sie immer das Falsche tue und allen Kontakt zu den Menschen verloren habe.»

Dossier Camille Claudel
«Sie schmückte sich mit den extravagantesten Kleidern und vor allem mit einem seltsamen Haarputz aus Schleifen, Bändern und Federn in tausenderlei Farben. Denn dieser genialen Künstlerin wohnte eine Maßlosigkeit inne, etwas ewig kindliches...»

Krankengeschichte von Gertrud P.
«Hat eine unbeschreibliche Unordnung im Bett... war oftmals in der Zelle, demolierte, schlug Pflegerinnen, riß sie an den Haaren, zog ‹alle Register› usw. ‹Das alles hier ist nichts für mich, ich gehöre nicht in dieses Milieu, und man soll mich endlich herausholen, nach heute genau vierzehn Jahren eines solchen Lebens fordere ich mit lautem Geschrei die Freiheit...›» (Camille Claudel, 1927, S. 366)

Krankengeschichte von Gertrud P.:
«schreit, um den Kontakt mit den Menschen wieder zu bekommen und sich bemerkbar zu machen. April 52...»

«In einem Irrenhaus darf man nicht auf Veränderungen hoffen. Dort sind die Regeln notwendig für all diese ‹nervösen, gewalttätigen, keifenden und bedrohlichen Geschöpfe›, die so unangenehm und schädlich sind, daß ihre Familien sie nicht ertragen können. Und wie kommt es, daß ich gezwungen bin, sie zu ertragen? Ganz abgesehen von den Schwierigkeiten, die sich aus einem solchen Zusammenleben erge-

ben... Wie soll man es aushalten, inmitten all dessen zu sein, und ich würde mit Freuden hunderttausend Francs hergeben, wenn ich sie hätte, um sofort hier herauszukommen...»
(Camille Claudel, Der Kuß. S. 281)

Brief Gertrud P. v. 5. XI. 23
... «hier werde ich krank statt gesund. Wenn sie einem nur kein Wohlwollen den Kranken gegenüber... wenn Sie nur Schlechtes von einem denken können. Statt mich zu beruhigen und mir zu sagen, was ich tun könnte werden Sie böse und gehen davon...»

Brief Gertrud P. v. 27. 1. 1924
«Liebe Mutter,
Ich will und möchte nun wirklich nicht länger mehr hierbleiben. Ich habe gestern den ganzen Nachmittag geweint vor ‹Längi Zyt› und sich hier auch kein Mensch um einen kümmert...»

Brief i. S. Gertrud P. v. 3. 12. 1953
«An das Vorgesetzten Bott der Zunft zu Zimmerleuten, Bern.
Sehr geehrter Herr Obmann, sehr geehrte Herren!
Die Mitteilung, welche Sie mir zukommen ließen und welche sich mit der schon früher in Erwägung gezogenen Operation meiner Schwester Gertrud P. befaßt, verdanke ich Ihnen bestens.
Meine Meinungsäußerung geht dahin, daß man mit der Vornahme der Operation, solange sie gegen den Willen meiner Schwester vorgenommen werden müßte zurückhaltend sein sollte...»

gez. Eugen P. Bern

Brief v. 8. Dez. 1953

Sehr geehrter Herr Obmann, sehr geehrte Herren,
zurückkommend auf unsere kürzliche Korrespondenz betref-
fend Fräulein Gertrud P. kann ich Ihnen nun mitteilen, daß
die Leukotomie letzten Montagvormittag durch Herrn Dr.
Markwalder aus Bern durchgeführt wurde. Gleichzeitig er-
hielten wir die Kopie des Schreibens des Bruders der Patien-
tin, Herrn Eugen P. an Sie vom 3. Dezember, im Augen-
blick, als mit dem Eingriff bereits begonnen worden war, so
daß es nicht mehr möglich war, dem darin geäußerten
Wunsch Folge zu leisten und mit der Operation noch zuzu-
warten. Wir fügen noch bei, daß sich Herr Eugen P. anläß-
lich früherer Verhandlungen mit der Leukotomie bei seiner
Schwester einverstanden erklärt hatte. Der Operationsver-
lauf war gut und komplikationsfrei, dagegen war die Patien-
tin in der letzten Nacht trotz dem Eingriff wieder sehr erregt,
sie hat auch leichte Temperaturen, und es ist deshalb mög-
lich, daß sich in der Operations-Nachbehandlung gewisse
Schwierigkeiten einstellen werden. Der Behandlungserfolg
wird sich jedoch frühestens zwei bis drei Wochen nach dem
Eingriff einigermaßen einschätzen lassen, eine definitive Be-
urteilung wird sogar nicht vor Ablauf eines halben Jahres
möglich sein.

Mit vorzüglicher Hochachtung
Die Direktion.

Krankengeschichte von Gertrud P. vom 22. 12. 53

«Seit einigen Tagen ist Frl. P. nun wieder ganz auf der
Abteilung VII: Die alten Schwierigkeiten beim Anziehen,
die gleichen Brüllereien. Dazu kommt jetzt in zunehmendem
Maße die Aggressivität gegen die Mitpatienten zum Vor-
schein.»

Dossier Camille Claudel
«*Die Häuser der Irren sind Häuser wie . . .*»
(unleserlich). S. 130

am 5. 10. 51 Eintragung
Schreit, um den Kontakt mit den Menschen wieder zu bekommen und sich bemerkbar zu machen. April 52: Stimmen, die sie kommandiere, deshalb werde sie mit der alltäglichen Arbeit nicht fertig, hatte gewisse Einsicht, dann wieder schweres Bild, anscheinend aus sehr vitaler Indikation ES-Block im Sommer 1952. Damals erster Leukotomievorschlag, wieder zurückgestellt. Frühjahr 1953: konnte Stunden hindurch schreien, «müsse schreien»

16. 2. 57
Pat. ist auf I weitgehend unauffällig. Wirkt deutlich aspontan, worüber sie sich auch beklagt. Seit mehreren Monaten hat sie nichts mehr gemalt, sie sagt, es fehle ihr an Inspiration. Strickt unablässig Bettsocken aus dicker Wolle, ein Paar wie das andere. Auf der Visite und gegenüber Mitpat. stets freundlich. Mit K.[1] zu sprechen hat ihre Kinderstube sie vor einer allzu schweren schizophrenen Verblödung bewahrt.
Zur Mittagszeit steht die Pat. – bei jedem Wetter – unter der Eingangstüre zu F. I und wartet auf den Essenwage, die Augen wie die delphische Sybille Michelangelos ins Unendliche gerichtet.

Krankengeschichte von Gertrud P. vom 29. 9. 61
Pat. ist heute morgen verändert, nicht ansprechbar, atmet erschwert. Der Bruder wird avisiert.

---

[1] Der Chefarzt

84

30. 9. 61
Der Bruder der Pat. verbrachte den gestrigen Nachmittag bei ihr. Danach benötigte sie etwas Mo.[1] In der Nacht hatte sie einen Art Anfall mit Zuckungen, danach schlief sie ein und verschied gegen Morgen. Todesursache: Allgemeine Kachexie bei einem bestrahlten Carcinom der Gebärmutter.

ABGANG
am 30. 9. 61 in . . . . . Zustand
entlassen
versetzt
gestorben

*

---

[1] Morphium

Gertrud's Wahnsinn

(Versuch einer Analyse)

> «Wir sollten mehr über die Frage wissen, ob Eltern und Gesellschaftssysteme, die Gehorsam und Disziplin zu den wichtigsten Zielen der Kindererziehung erklären, stärker, schwächer oder genauso dazu tendieren, ihre Kinder in den Wahnsinn zu treiben wie andere Eltern oder Gesellschaften.»
>
> (*Morton Schatzmann:* «Die Angst vor dem Vater», Originaltitel: «Soulmurder», 1973).

Hölderlin – Camille (Claudel) – Nietzsche – Gertrud...

Es mag für gebildete Bürger(innen) und eingefleischte Phallokraten verwegen klingen, eine erst kürzlich wiederentdeckte und eine gänzlich unbekannte Künstlerin, also zwei Vertreterinnen des «minderwertigen Geschlechts», mit zwei Geistesgiganten der Kulturgeschichte zu vergleichen und sie gar in einem Atemzug zu nennen.

Doch eines hatten alle gemeinsam: die unerträgliche, quälende, tödliche innere Unruhe, die sie in den Wahnsinn trieb. Das Genie eben, das es vorzieht, «ver-rückt» zu werden, als sich manipulieren, in bürgerliche Zwänge einengen zu lassen, die sich mit seinen eigenen Bedürfnissen, seinen Wertvorstellungen nicht vertragen.

Nun meint aber der heutige Mensch, der gewohnt ist, komplizierteste Maschinen und Geräte zu steuern, diese Erklärung sei «zu einfach». Er hat sich ja im Laufe der Jahrhunderte zum Ebenbild Gottes heraufstilisiert und auch irdische Götter, eben wie etwa Hölderlin und Nietzsche (die Namenliste wäre beliebig zu ergänzen) – ganz abgesehen von allen modernen, unerläßlichen technischen Errungenschaften – geschaffen und er meint, auch er sei so ein kompliziertes, modernes, vielschichtiges Gerät. Der Natur zu gehorchen, das ist ihm «zu einfach»: schließlich hat er ja die Natur bezwungen und sich untertan gemacht.

Doch Halt! Hier ist er nun an Grenzen gestoßen, hat eingesehen, daß er mit seinen Höhenflügen die Natur zerstört. Und es ist interessant zu sehen, daß heute noch die meisten, die sich so vehement für den Umweltschutz einsetzen, sich dagegen wehren, einzusehen, daß auch die Natur des Menschen sich gegen Zerstörung, gegen «Mord an der Seele» wehrt und es nicht nur um ihn herum, sondern im Menschen selbst, dringend «Umweltschutz» braucht. Brav und überzeugt davon, selbst «gut erzogen» worden zu sein, wiederholt so mancher moderne Mensch die Verbrechen, die man an ihm verübte, tief davon überzeugt, daß es letztlich für ihn «doch gut» gewesen war. Wer könnte sich nicht daran erinnern, daß man ihn zur Strafe in den dunklen Keller sperrte, oder zumindest in den Besenschrank? Wer hat solche radikalen Erziehungsmaßnahmen nicht auch selber mit seinem Kind, im besten Glauben, Richtiges zu tun, angewandt?

«Der Leser wird vielleicht schon gemerkt haben, daß Dr. Schreber die Grundlagen für ein System der Kinderverfolgung, nicht der Kindererziehung schuf. Er glaubte, wie viele seiner Zeitgenossen, sein System würde dem Heil der Menschheit dienen.» (Morton Schatzmann, S. 46)

Man kann mit an Sicherheit grenzender Wahrscheinlichkeit annehmen, daß Gertrud P. direkt oder indirekt nach den Erziehungsanleitungen von Dr. Schreber erzogen wurde. Denn Dr. Daniel Gottlob Moritz Schreber schrieb Bücher über menschliche Anatomie und Physiologie, Hygiene und Körperkultur. Er gründete die Schrebervereine und erfand die Schrebergärten. Seine Vereine wurden im In- und Ausland Mode, das heißt, Vorbild für das gehobene Bürgertum. Es sind Klubs, die sich für körperliche Freiübungen, Feierabendgärtnerei und Freiluftübungen begeisterten. Maßgebend aber und bestimmend wurde er durch seine Erziehungsanleitungen.

«Für Dr. Schreber gab es ein oberstes Wesen: Gott – und der war männlich. Er empfahl, die Kinder zu lehren, daß Gott der ‹liebende Weltvater› sei. Dr. Schreber glaubte, daß Eltern die Freiheit ihrer Kinder durch eine harte Disziplin einschränken sollten. Dies geschähe zum Wohl der Gesundheit – in moralischer, psychischer und physischer Hinsicht. Offenbar glaubte er, daß Kinder von Hause aus kriminell oder krank seien oder dies mit Sicherheit würden, wenn man sie nicht rechtzeitig davor bewahre.» (Morton Schatzmann, S. 35)

Die Geschichte von Gertrud P. ist also nicht nur die einer unverstandenen Künstlerin, sondern gleichzeitig ein erschütterndes Dokument der Unterdrückung der Frau durch die männliche Welt, wobei es nicht um die gesellschaftliche oder soziale Herabsetzung geht, gegen die heute ganz allgemein gekämpft wird, sondern um etwas weit Verhängnisvolleres, Endgültigeres: die Nichtbeachtung und Unterdrückung, ja Ausrottung des Weiblichen, seiner eigenen Wert- und Erziehungsvorstellungen. Das heißt: Frauen wurden durch die Vorherrschaft des Mannes dermaßen verändert und manipuliert, daß sie nicht mehr sich selbst sind, sondern päpstlicher als der Papst, d. h. männlicher als der Mann und das eigene Geschlecht eifriger als der Mann tyrannisieren. Das gefährlichste Instrument hierzu war die sogenannte gute, bürgerliche Erziehung des 19. Jahrhunderts, wie Dr. Schreber sie empfahl.

«Sein Modell der menschlichen Psyche ist einfach: Gedanken, Gefühle und Handlungen sind entweder gut, edel, hoch, richtig und vornehm, oder sie sind böse, gemein, niedrig, falsch und grob. Was weder das eine noch das andere ist, ist ‹mittelmäßig›.

Er gibt vor zu wissen, was gut, edel, hoch, richtig und vornehm ist und was nicht: er sagt nicht, woher er dies weiß. Schlechte seelische Faktoren sind ‹Unkraut›, das ‹verfolgt› und ‹ausgerottet› werden muß.» (Morton Schatzmann, S. 35)

Mit Hilfe solch männlicher Muster, keinesfalls aber etwa nach ihren eigenen, mütterlichen Instinkten, wurden Kinder damals (und werden sie zum Teil noch heute) erzogen.

Gertrud's Mutter ist ein geradezu klassisches Beispiel dafür, wie eine Frau mit den besten Absichten ihre Kinder seelisch malträtierte oder gar mordete, nachdem sie von

ihren Eltern auf diese Weise erzogen, bzw. seelisch malträtiert und «gemordet» worden war. Die «schwachen Nerven» sind damit leicht zu erklären. Die moderne Kinderpsy-
chologie weiß, was jahrhundertelang ignoriert wurde, daß
die Stärkung oder Schwächung, oder sogar Erkrankung der
Nerven bei einem Menschen schon in den ersten Minuten,
Stunden, Wochen, seines Erdendaseins, also in der Wiege
beginnen. Sie sind keinesfalls angeboren. Angeboren ist
nur, wie man auf die Kälte oder Wärme der Umwelt rea-
giert. Wärme, Geborgenheit vom ersten Augenblick des
Erdendaseins an, macht die Nerven robust; Kälte (das
frühere Einwickeln eines Babys in der Wiege bis zur Bewe-
gungslosigkeit, der Unsinn, es dadurch zu erziehen, daß
man es «schreien ließ»), schwächt die Nerven. Es ist heute
erwiesen, daß Gertrud's Mutter, in einem protestantischen
Pfarrhaus in Herrliberg (Zürich) aufgewachsen, weder jemals selber eine körperliche Berührung, Zärtlichkeit erfuhr,
noch sie ihren Kindern zu vermitteln vermochte. Ihre
Schwestern, ihre Kinder, sie hatten folglich «schwache
Nerven», die – vielleicht eher als ein Liebeskummer – bei
dem Bruder (und Gertrud's Schwester) zum Selbstmord
führten.

«Besonders wichtig und für das ganze Leben entscheidend ist
es aber, in betreff des Charakters, daß derselbe schon im
Jünglings- und Jungfrauenalter... eine Schutzmauer bildet
gegen das krankhafte Vorherrschen der gemütlichen Seite,
gegen jene schwächliche Empfindsamkeit, die Krankheit
unserer Tage, welche als die allgemeine Ursache der zuneh-
menden Häufigkeit der Lebensmüdigkeit, der Geisteskrank-
heit und Selbstmorde zu erkennen ist...»
(Morton Schatzmann)

Das Mißverständnis von Dr. Schreber und sein Einfluß auf Familien wie die von Gertrud P. zeigt tragische Konsequenzen: beide Söhne von Dr. Schreber werden von Geisteskrankheit und Depressionen gequält, die den einen in den Selbstmord, den anderen in die Irrenanstalt treiben. Trotzdem:

«Er hält es für wesentlich, frühzeitig mit dieser Schulung zu beginnen. Schon bei Babies von fünf bis sechs Monaten sollen die Eltern das ‹Gesetz der Gewöhnung› einhalten, ‹das allgemeine Gesetz für die geistige Erziehung dieser Altersstufe›:

Unterdrücke im Kind alles, halte von ihm fern alles, was es sich nicht aneignen soll; leite es aber beharrlich hin auf alles, was es sich angewöhnen soll . . .

Dr. Schreber schreibt den Eltern vor, was für ein Kind das ‹Gute und Richtige› ist. Ein Kind ‹gewöhnen›, das heißt, es so zu programmieren, daß es Dr. Schrebers Ansichten folgt. In diesem System definieren die Eltern das Selbst des Kindes doppelt: Sie unterwerfen es der Regel des Gehorsams und schaffen Situationen, in denen es diesen praktizieren muß.»
(Morton Schatzmann, S. 37)

Mit andern Worten: Diese Art Erziehung nimmt dem Kind schon in der ersten Zeit seines Erdendaseins jegliches Selbstbewußtsein, es hat keine eigenen Wünsche, keine Bedürfnisse zu haben, sondern muß «funktionieren», wie die Umwelt, die bürgerliche Gesellschaft es will. Damit verliert es den Halt, die seine eigenen Bedürfnisse ihm verleihen, es schwebt frei im Raum, ohne Kontakt, den es so dringend braucht, es erlebt «Fremdgefühle» wie Gertrud P. sie später beschreibt, und was tut es? Es schreit, denn

dieses Fremdgefühl, der mangelnde Kontakt machen ihm
Angst.

*«Dr. Schreber setzt voraus, daß es das Ziel der Eltern ist,
das Kind zu beherrschen. Das Kind muß beherrscht werden,
um es vor dem zu bewahren, was Dr. Schreber für das
kindliche Selbst hält. In einem weinenden Kind vermutet er
‹Unruhe› und ‹innere Quälgeister›, in denen er die Vorläufer
von ‹schwer besiegbaren Lebensfeinden› sieht. Damit rechtfertigt er die ‹Bewahrung› des Kindes vor diesen Übeln. Das
Weinen des Kindes ist für ih n ein ‹grundloses Schreien und
Weinen›, da er keinen Grund dafür erkennt. Das Kind könnte
doch weinen, weil es sich langweilt und will, daß jemand mit
ihm spielt. Bei einem fünf oder sechs Monate alten Kind ist
das eine ‹Grille›, sagt er, ein schlechtes Zeichen.»*
(Morton Schatzmann, S. 47)

Auch Gertrud P.'s Weinen aus Angst vor der Kälte und
dem «Fremdgefühl» wird von der Mutter als Notsignal
verkannt und ihm «abgewöhnt». Im Kind ergibt das eine
Stauung: hat es Angst, so darf es sich nicht Luft machen
mit Schreien, sonst wird es bestraft, d. h. gerade die Verbo-
te und Zwänge einer solchen Erziehung rufen «Unruhe»
und «innere Quälgeister» hervor. Später, als «Verrückte»,
wird Gertrud das in der Anstalt nachholen und «Schreien,
weil ich den Kontakt mit der Umwelt verloren habe». Was
den damaligen Oberarzt in Münsingen zu der zynisch wirkenden Aussage veranlaßt: «Sie fühlte sich geschützt in der
Anstalt, sie hatte hier mehr Freiheit, als sie es draußen
gehabt hätte.»
  Man wird sich jetzt zu Recht fragen, wie es möglich ist,
daß Mütter (die damaligen und z. T. noch heutigen Mütter)

92

nicht ihrem natürlichen Instinkt gefolgt sind und dem schreienden Kind zu Hilfe kamen, es trösteten, beschützten usw., sondern es vielmehr schreien ließen, den Erziehungsvorschriften eines Dr. Schreber & Co folgten. Doch vergißt man, daß diese Mütter keine richtigen Mütter mehr waren, sondern bereits selber manipulierte und zur Kälte und Erbarmungslosigkeit erzogene Werkzeuge der männlichen Gesellschaft:

«Er (sie) sieht nicht, daß der Wunsch des Kindes, auf seine ‹Launen› eine Antwort zu erhalten, ein reales Bedürfnis sein könnte. Man könnte das psychoanalytisch so interpretieren, daß Dr. Schreber (die Mutter) ‹innere Quälgeister› von sich auf das Kind projeziert, das heißt, daß er (sie) zwar glaubte, das Kind beherrschen zu wollen, in Wirklichkeit aber die ‹bösen› Teile seiner (ihrer) selbst beherrschen will.» (Morton Schatzmann)

Mit anderen Worten: Der Mann – die männliche Gesellschaft hat die Mutterliebe manipuliert und pervertiert, aus dem einstigen gesunden Beschützerinstinkt und Respekt vor dem Leben – vor dem Kind –, wie wir sie heute nur noch bei Tieren sehen, von denen wir etwas lernen könnten, sind diese Übermütter entstanden, die – ganz in Dr. Schrebers Sinn, ihre Kinder beherrschen, und mit vermeintlicher Liebe tyrannisieren wollen; nur aus diesem Mißverständnis heraus ist Alice Millers Feststellung zu begreifen:

«Ein Tabu, das alle Entmystifizierungstendenzen unserer Zeit überdauert hat, ist die Idealisierung der Mutterliebe. Die üblichen Biographien illustrieren das sehr deutlich. Wenn

man Biographien z. B. berühmter Künstler liest, so fängt ihr Leben irgendwo um die Pubertät herum an. Vorher hatte der Künstler eine ‹unglückliche› oder ‹frohe› oder ‹unbelastete› Kindheit, oder eine Kindheit ‹voller Entbehrungen› oder ‹Anregungen› aber wie die Kindheit im einzelnen gewesen ist, scheint völlig uninteressant zu sein. Als ob nicht in der Kindheit die Wurzeln des ganzen Lebens verborgen wären.» (Alice Miller, «Das Drama des begabten Kindes und der Suche nach dem wahren Selbst», Suhrkamp Taschenbuch, S. 18)

Das Ziel dieser Gesellschaft des 19. Jahrhunderts – und ihrer dafür programmierten Mütter – mit ihren Auswirkungen bis weit in unsere Zeit war, den Menschen zu einem «guten» Zeitgenossen im Sinne Schrebers zu erziehen, einer «guten» (gutbürgerlichen) Gesellschaft anzupassen, das heißt, ihm das «Böse», Trauer, Angst, Schwäche, «schlechte» Bedürfnisse auszutreiben. Probleme durfte es nicht geben. Daraus entstand diese verlogene, heile Welt, in der eine Gertrud P. aufgewachsen ist, und man darf annehmen, daß der Großteil der Männer und Frauen auf diese Weise schon in der Wiege malträtiert und einer als feindlich empfundenen Welt ausgeliefert waren und damit das seelische Gleichgewicht, ein gesundes Selbstbewußtsein, inneres Wohlbefinden («Ruhe») und damit «die Nerven» verloren:

«Eine schwerwiegende Folge der Anpassung ist die Unmöglichkeit, bestimmte eigene Gefühle (wie z. B. Eifersucht, Neid, Zorn, Verlassenheit, Ohnmacht, Angst) in der Kindheit und dann im Erwachsenenalter bewußt zu erleben.» (Alice Miller, S. 25)

94

Das absolute Verbot, solche Gefühle zu empfinden, bzw. auszudrücken, besteht noch heute in Familien, die als Folge dieser Erziehung selber noch immer geschädigt sind, und über Probleme zu reden, sie zu akzeptieren, kategorisch verneinen. Bei dem Kleinkind erzeugt es Schuldgefühle, Minderwertigkeitsgefühle, Einsamkeit, Angst. Kurz, es fühlt sich nicht wohl, verfolgt, verlassen.

Auf drei Arten versuchte der Mensch aus solchen Kindheitsschädigungen und Verfolgungen zu flüchten:

Durch Anpassung, durch die Kunst und durch Verrücktheit, bzw. Selbstmord.

Dem Durchschnittsmenschen gelingt im allgemeinen die Anpassung, die er meistens wählt, die Kompensation, die Rache. Mit Ehrgeiz und Geltungsdrang versucht er, «etwas zu werden», das heißt, der Umwelt die Anerkennung, Aufmerksamkeit und Liebe abzuzwingen, die sie ihm in der Kindheit versagte. Die bürgerliche Erziehung des 19. Jahrhunderts hatte deshalb auch einen politischen Faktor: Man kann den Menschen mit seinen Schädigungen und dem daraus folgenden Geltungstrieb, bzw. Strebertum ausgezeichnet in die rationelle und oftmals uninteressante Arbeitswelt einspannen.

Es ist deshalb eines der Paradoxe unserer modernen Konsum- und Wegwerfgesellschaft, daß gerade der Durchschnittsmensch erfolgreicher ist auf dem Weg zur «Grandiosität» (Alice Miller), als der außergewöhnliche Künstler, der in diesem äußerlichen Wettbewerb eher zerbricht:

Der Durchschnittsmensch lebt von Außen nach Innen. Wie ein leeres Gefäß wird er durch Erziehung, Lebenseinstellung, Moralbegriffe und übernommene Wertmaßstäbe geprägt und je nach Charakter, Auffassungsbereitschaft, Intelligenz, bzw. Form des Gefäßes wird er ein «guter» (erfolgreicher, glücklicher, unglücklicher usw.) Mensch.

Der Begabte, geniale Mensch lebt dagegen von Innen nach Außen, das heißt, sein Gefäß (Form) ist bereits gefüllt. Er wird nicht (nur) von außen bereichert, sondern er trägt seinen Reichtum in sich selbst, von innen nach außen; das ist ihm Bedürfnis und Lebensaufgabe. Durch Erziehung, Moralbegriffe und Wertmaßstäbe der Umwelt wird dieser innere Reichtum des Begabten, genial Begabten – des Genies (im Französischen klingt das weniger prätentiös als im Deutschen, es heißt da einfach «il a du genie»), dieses volle Gefäß nicht voller, reicher – zur freien Entfaltung – sondern eher zum Überlaufen, Explodieren, durcheinander gebracht.

Anstelle der Fülle, die zur Entfaltung drängt und zum Ausleben, was als Wohlbefinden und Glück empfunden würde, entsteht eine Leere, ein «Fremdgefühl», das wiederum ein Gefühl der quälenden Unruhe, des Getriebenseins, der «Sinnlosigkeit» ergibt, und zum Wahn-Sinn, zur Verrücktheit wird.

Der Wahnsinn manch eines genialen oder hochbetagten Menschen ist so zu erklären und bestätigt die Binsenwahrheit, daß «Verrückte» oft «normaler» bzw. innerlich reiche Menschen sind, die durch äußere Werte ärmer werden. Der innere Reichtum bedeutet unter anderem größere Sensibilität, Phantasie, Empfindlichkeit oder «Überempfindlichkeit», die, z. B. im Falle Hölderlins, als «wächserne Weichheit» oder schlicht Weichheit ganz allgemein verwechselt wird, und als Erklärung für seinen «Wahn-Sinn» dient.

Was ist nun aber Sensibilität, Phantasie, Empfindlichkeit oder gar Überempfindlichkeit, bzw. «schwache Nerven»? Sie sind eben diese innere Fülle, die empfänglicher ist für Eindrücke von außen, die mehr sieht, mehr spürt, mehr fühlt als andere und deshalb auch mehr erwartet, «eine Fülle» von Zuneigung, Wärme, Verständnis und Kontakt und das Fehlen davon als schmerzliches Unglück, als Kontaktlosigkeit = Leere und Sinnlosigkeit empfindet.

Geniale und hochbegabte Menschen besitzen denn meist auch eine übersteigerte Nostalgie, ein überdurchschnittliches, phänomenales Erinnerungsvermögen, eine «Erinnerungssucht» an ihre Kindheit. Gerüche, Geräusche an diese Zeit können als euphorisch und paradiesisch empfunden werden und ewige Sehnsucht danach erzeugen, oft gerade dann, wenn diese Kindheit nicht glücklich und «normal» verlaufen ist, sondern, wie bei Gertrud P. und Hölderlin, durch den Verlust eines Elternteiles geprägt ist.

Ist dieser Elternteil der Vater, wird das Kind also in einem sogenannten «Weiberhaushalt» aufgezogen, spricht man gerne von «Verzärtelung» und gibt dieser die Schuld einer zu großen «Weichheit».

Doch ist diese Verzärtelung gerade in der bereits beschriebenen, bürgerlichen Erziehung ein irreführender, wenn nicht gar falscher Begriff.

So schreibt etwa Wilhelm Michel in seiner Hölderlin-Biografie:

«Man hat oft gesagt, Hölderlin sei durch seine vaterlose Erziehung verzärtelt worden, die Mutter und die Großmutter, denen er von seinem neunten Lebensjahr an allein anvertraut war[1], hätten den Knaben zu weibisch-weiblich erzogen. Wenn dies richtig ist, dann sicher nicht in dem

---

[1] Zum Vergleich: Gertrud P. war von ihrem 6. Lebensjahr, ihr Bruder Eugen von seinem 9. Lebensjahr an der Mutter und deren zwei ledigen Tanten anvertraut.

Sinn, daß ihm zuviel nachgegeben, sondern daß er zu sehr angehalten wurde, über sich selbst hinwegzugehen, sich selbst zurückzustellen und freilich ist auch dies Verzärtelung.

Er selbst hat die Einschüchterung, die er später immer wieder in seinem Wesen vorfand, öfters auf Kindheitseinflüsse zurückbezogen. So in einem Brief an den Halbbruder Karl vom 2. Juni 1796, wo er von der «Knechtschaft die von allen Seiten auf unser Herz und unsern Geist in früher Jugend und im Mannesalter hereindringt», spricht.

Dazu gehört auch die in späteren Briefen häufige Klage, er habe immer geglaubt, «sich beugen und verleugnen zu müssen um in Frieden mit der Welt zu leben».

Der Gedanke, damit der geliebten Mutter einen Vorwurf machen zu wollen, streift ihn nie (bei Gertrud P. erst in der Krankheit), die Liebe, die zwischen ihnen lebt, überglänzt auch dies.

Aber der Betrachter kann nicht übersehen, in welch verhängnisvoller Beziehung diese frühe «Ablenkung vom Eigenen zur bleibenden, ungelösten Frage der Persönlichkeitsschließung nach außen wurde».

Diese Art von Mutterprägung darf durchaus als allgemeingültig verstanden werden für viele tragische Männerschicksale, aber fast noch verheerender für eine Frau, die auf diese Weise «verzärtelt» und «verweichlicht» (verzogen) wurden.

Vielen hat es ganz einfach das Rückgrat (die Seele) zerbrochen und geistige Krankheit, oder aber eine Art von gefährlicher Charakterlosigkeit, brave Bürger und Mitläufer gemacht. Weniger empfindsame («geniale») Menschen können so zu übertriebener Ich-Bezogenheit mit ausgeprägtem Geltungsdrang erzogen werden, wobei man unterscheiden muß zwischen Empfindsamkeit und Empfindlichkeit. Empfindsamkeit (Sensibilität) bezieht sich auf Eindrücke von außen, das Verständnis – eben «Empfinden» – für andere, Empfindlichkeit hingegen betrifft immer nur die eigene Person.

Warum die Prägung durch die Mutter nicht Verzärtelung im positiven Sinne sein kann, zeigt die folgende Parallelität:

«*Tochter eines Pfarrers, der aus Freimar in Sachsen-Gotha stammenden Johann Andreas Heyn zu Cleebronn* (Hölderlin)»/Tochter eines protestantischen Pfarrers aus Herrliberg/Zürich (Gertrud P.)

«*stellt sie ein Bild schweigsam-braven und doch empfindsamen Menschentums dar, wie es im Bereich des einfachen Lebens und pietistischer Frömmigkeit erwächst. Ein Hauptzug dieses Menschentums ist Strenge gegen sich selbst, die ihre breite und ganz bestimmte Grundlage hat: für den in solcher Art frommen Menschen hat die Forderung die an ihn gestellt ist, stets den Vorrang vor der Forderung, die er selbst, als ein Ich zu stellen hat. Da liegt die gültige, religiöse Einsicht vor, daß das negative Ich, das Ich des Individualismus, zu überwinden ist. Es verbindet sich damit leicht der Fehler, daß auch diejenigen Forderungen, die der Mensch als positives Ich, als die einmalige, lebendige Seele zu stellen hat, gering geachtet werden.*» (Wilhelm Michel: Hölderlin)

Der Konflikt, der aus dieser Art gehorsamer Frömmigkeit von Müttern gezüchtet worden ist, war ganz allgemein verheerend. Bei Hölderlin führt er wie bei manch anderem Genius, auch bei Frauen wie Camille Claudel und Gertrud P., zur Katastrophe:

Das beim normalen Durchschnittsmenschen schon vorhandene Zärtlichkeits-, Wärme-, Kontakt-, Geborgenheits-Bedürfnis ist beim hochbegabten, genialen Menschen noch stärker, übersteigert vorhanden, in der erwähnten Form von Sensibilität, Empfindsamkeit, in Sinnesbedürftigkeit – Sinnlichkeit, bzw. Körperkontaktempfänglichkeit sichtbar. In ihrer irregeleiteten Frömmigkeit registriert die besorgte und «liebende» Mutter diese natürliche Körperlichkeit als Sünde, d. h. als schlecht und «nicht normal». Sie bekämpft sie mit zusätzlicher Strenge, mit Verboten, mit Barrieren, an die das junge Leben mit seinem Drang, sich zu entfalten, dauernd anstößt, sich verletzt, es als schmerzliche Einengung, Störung, Angst, also von Nicht-Lebenkönnen – Leere – Tod fühlt. Doch wird das nicht logisch, gedanklich erfaßt und verarbeitet, da vorläufig alles noch Gefühl ist, und ergibt deshalb nur den Konflikt einer schlechten Erfahrung, einer Schädigung: man muß gegen seine Bedürfnisse, gegen die eigene Natur, sein Ich leben und sich irgendeiner unsichtbaren Großmacht beugen, die durch die Mutter, die man doch liebt, dargestellt wird. Die Spaltung der Empfindungen in positive und negative, die «Schizophrenie», wird perfekt.

«Es ist wahrscheinlich, daß Hölderlins Mutter bei aller tiefen, ja grenzenlosen Liebe zum Sohn diesen Fehler in ihrer erzieherischen Einwirkung und auch in der Behandlung des Erwachsenen nicht vermieden hat. Wenn diese tiefgütige, aber mehr herzensweit als geistesweite Frau den Sohn ständig anhält, sich in das Pfarramt wie in das Leben überhaupt zu schicken, wenn ihre Briefe an den unermüdlich besorgten Freund Sinclair sich so zaghaft, umständlich und fast unterwürfig ausdrücken, wenn sie immer in erster

Linie die Verpflichtungen vor Augen hat, in denen
sie selbst und der Sohn gegenüber anderen stehen –
namentlich auch gegenüber dem größten «Ande-
ren», Gott – so ist dies begründet in einer durch-
gängigen Gewohnheit, das Objektive stärker zu
fühlen als das Eigene, die Abhängigkeit stärker als
die Erlaubnis zum freien Verfügen. Auf Hölderlin,
dem eine ‹wächserne Weichheit› des Wesens mitgegeben war,
dessen ständiges Problem es blieb, wie er sich ge-
gen die Welt behaupten könne, wirkte sich die Hinlen-
kung auf die von der Mutter lebensvoll gedachte Demut
gegensinnig aus. Er wurde durch sie nicht härter, sondern
waffenloser als er schon war. Ihm, dem viel eher ein
hingegebenes Gehorchen als ein geflissentliches Verleugnen
des eigenen Seelengrundes zur Pflicht gemacht war, fügte
diese Hinlenkung auf die Demut Schwierigkeit zu Schwie-
rigkeit.»

Was W. Michel hier über Hölderlin schreibt, kann selbstverständlich auch für Gertrud P. und viele andere «verrückte»
Künstler gelten. W. Michel schreibt:

«Diese (Mutter)Beziehung ist gewiß nicht als verursachend
anzusehen, ein härter angelegter Charakter würde diese Ein-
flüsse im Sinn eines diesseitigen, plastischen Lebens verarbei-
tet haben.»

Was heißt das? «Ein härter angelegter Charakter» ist doch
wohl ein weniger eigenständiger, weniger «weicher», d. h.
weniger empfindsamer Charakter, also einer, der weniger
«empfindet», leerer und demgemäß anpassungsfähiger, ma-
nipulierbarer, aber auch: gefühlsärmer, kälter, phantasie-

und entsprechend furchtloser, also «gesund», unverletzbar, dumpf ist. Nur in diesem Sinne ist die Vererbung maßgebend.

«Ein besonders hervortretender Zug im Bild der Mutter ist ihre Neigung zu ängstlicher Sorge, ihre unausgesetzte Bekümmerung, die man wohl eine Leidsüchtigkeit nennen kann.»

Interessant ist hier, wie sich die (Familien-)Verhältnisse Hölderlins und Gertrud P.'s gleichen: Die Mutter hat eine «Leidsüchtigkeit», ihre Kinder zeigen später eine «Angstsüchtigkeit», denn durch die Verlagerung wird Angst zu einem Lustersatz. Der Zwang, Angst zu haben ist ein Lustersatz für Bedürfnisse, die man dem Kleinkind verbot.

«Hölderlin spricht zwar – ein einziges Mal – von der ‹natürlichen Lebhaftigkeit ihres Geistes› (Brief v. 10. Juli 1797), aber es gibt viele Briefe von ihm an die Mutter in denen er sie bitten muß, das Leben heiterer zu nehmen, ihrer Neigung zu einer trüben Weltbetrachtung zu wehren. Er hat dafür in dem genannten Brief die nur ihm eigene und mögliche Wendung ‹sie sollte nicht in einen geheimen Bund sich mit dem Schmerz einlassen und nicht zu generos ihn in sich walten lassen›... jene Mahnung H.s gegen das geheime Bündnis mit dem Schmerz, gegen den zu weit getriebenen Großmut im Geltenlassen des Schmerzes benennt doch wohl einen Wesenzug an ihr, und er konnte ihn erblicken, weil er ihn von sich selber kannte. H. erkannte also die ‹Leidsüchtigkeit› seiner Mutter, aber seine Mutter erkannte sie nicht bei ihm, jedenfalls nicht als positiv, sondern in dem Sinn von ‹schlechter Vererbung›, »(W. Michel).

102

Trübsinn, Melancholie wurden und werden noch immer als Erbkrankheit angesehen, Geisteskrankheit in allen ihren schweren und leichteren Formen als eine sich auf Kind und Kindeskinder vererbender «Fluch», solange man nicht die Ursache, sondern nur die Wirkung erkennt. Dem Ausdruck Hölderlins «von der natürlichen Lebhaftigkeit ihres Geistes» darf man deshalb – auch wenn er, den Umständen gemäß, nur ein einziges Mal vorkommt – mehr Bedeutung zumessen: Die Mutter kann durchaus im Grunde ein heiterer Mensch gewesen sein, wie er sie als jung beschreibt: «Ich habe aber auch in der Tiefe meines Wesens eine Heiterkeit, einen Glauben, der noch oft in voller, wahrer Freude hervorgeht, nur lassen sich zu dieser so leicht nicht Worte finden, wie zum Leide.» Denn gerade ein heiterer Mensch, vor allem Frauen, die mehr auf einen «herzensweiten» denn «geistesweiten» Charakter basieren, wurden durch Religion, Haushalt, Kindererziehung, den Mann und die Unterdrückung ihrer eigenen weiblichen Bedürfnisse frustriert, hart und enttäuscht. Die Flucht in das Leid, in Melancholie und Krankheit, ist auch eine Form eines Ventils als Ausweg, weit verbreitet bei Frauen des 19. und auch noch des 20. Jahrhunderts. Eine Umdrehung dieser «inneren Heiterkeit», der Freude am Leben durch ausgelebtes Gefühl, das der Frau angeboren ist und sich deshalb viel seltener als beim Mann in «Kunst» sublimiert.

Die «Vererbung» von Trübsinn, Depression, Melancholie, also der «Leidsüchtigkeit» ist somit «Übertragung» und nicht Vererbung; nur die Bereitschaft dazu, nicht der angeborene Charakter, kommt aus der (weiblichen) Natur.

Hölderlin beklagt zu vielen Malen in seinen Briefen sein «allgefälliges Herz», welches das Leid und die Verwundungen der Welt so großmütig annimmt, er beklagt und bekämpft das «Unreine, Dürftige der Menschen» stets «unendlich», ganz im Sinne wie es später Dr. Schreber als Erziehungsideal empfiehlt.

«Es ist also wahrscheinlich, daß in diesem Zug eine mütterliche Erbschaft vorliegt nur daß er bei Hölderlin, dem Rang seines Wesens entsprechend, in unvergleichlich bedeutendere metaphysische Bezüge eintritt, seinen Schicksalsgedanken bauen hilft und ihn schließlich zu der großen, positiven Bewertung des Schmerzes durchbrechen läßt, die Panthea im ‹Empedokles› ausspricht:
‹Nicht in der Blüth und Purpurstaub ist heilige Kraft allein, es nährt das Leben vom Leide sich, Schwester!›»
(Wilhelm Michel)

Auch hier sehen wir, wie bei Gertrud P., den Konflikt zwischen einer angeborenen, sich dringend und pochend Raum verschaffenden oder verschaffen wollenden «tief in ihm sitzenden Heiterkeit, der schöpferischen Lebensfreude», und den strengen Entsagungsgeboten des religiösen Glaubens, dem «Ernst des Lebens» als ständige Bedrohung und Barriere mit deren verdunkelnden Schatten, den Versuch und Kampf also, die verlorene Heiterkeit zurückzugewinnen: Die Wurzeln des «Wahnsinns» werden hier gelegt:

«Für Hölderlin, der eine Tapferkeit und Härte ganz anderer Art zu bewähren hatte, der nicht das Leben aller zu leben, sondern das große Wort darüber zu sprechen hatte, wirkten diese Kindereinflüsse im Sinne seines Schicksals.» (W. Michel)

Charakteristisch und oft verheerend in der damaligen Zeit

ist die Bindung an die Familie, an die Mutter, die nicht der Ausdruck der Zärtlichkeit sein darf, sondern Ausdruck einer Wertschätzung sein muß. Angesichts der selbstlosen Pflichterfüllung der Mutter, der unaufhörlichen Aufopferung, wird «ein braves Kind zu sein» zur Pflicht schlechthin, schlechte Gefühle, die dem entgegenarbeiten und die man deshalb unterdrücken muß, werden zum Schuldgefühl. Trotzdem wird die Mutter zum Herzstück der «Meinigen», die geistige Lebenshilfe als Gegensatz zu «Geisteskrankheit» vermitteln soll, um in diesem Kreis – Mutter, Tanten, Bruder, Schwester – die Rettung aus der Überfremdung der Seele durch Welt und Menschen zu finden.

Diese «Überfremdung» überhaupt zu empfinden, ist aber eben Ausdruck der «Weichheit», der Empfindsamkeit. Härte ist demgegenüber keinesfalls als besser oder «stärker» zu bezeichnen, sondern einfach als ein «weniger» des sogenannt gesunden und «normalen» Menschen.

Der Kreis der Familie, der Mutter, hat in dieser Zeit die unselige Bedeutung, daß man in ihm das Beispiel der Liebe, aber eigentlich nur das «gründliche Herz» verwirklicht findet. Nach dieser falschen Wahrheit wird in der Folge die ganze Welt – vergeblich – durchforscht, weil das All-Einheits-Gefühl sie dringend fordert, weil das Leben nur da realisierbar erscheint, wo die Verbindungskraft der Liebe eine wirkliche, «konkrete» Erscheinung hat.

Man kann auch sagen, daß so mancher Liebe in der «reinen» Form suchte, weil er sie auch in der reinen Form, nämlich fern von äußerlichen Wertmaßstäben, von Rationalität und von Sexualität suchte (suchen mußte). Liebe mußte für ihn auch Nächstenliebe bedeuten, die er durch seine Empfindsamkeit im Stande war zu empfinden, durch sein Verständnis, sein Interesse für den andern, von dem er dasselbe erwartete. Diese Liebesfähigkeit, im Gegensatz zur sexuellen und Eigenliebe ist ja gerade das, was der «normale», liebesunfähige und deshalb «starke» Mann (und damit seine Gesellschaft) als «Schwäche» empfindet. Denn Liebesfähigkeit enthält «Schwäche», das heißt, Mitleid und Leidensfähigkeit, und es ist ein Paradox, daß gerade die auf Nächsten- bzw. christliche Liebe des protestantischen Glaubens aufgebaute Kirche in der Praxis Puritanismus und kalte Strenge und Intoleranz auslöste, die sich auf die Entwicklung von jungen Menschen verheerend auswirkte und gerade beim begabten, genialen Menschen den eigentlichen Konfliktherd bildete.

Bezeichnend ist denn auch wie solche «Künstler» lieben. Sie lieben nicht das (den, die) Erreichbare(n), sondern das (den, die) Unerreichbare(n), die sie durch diese Unerreichbarkeit verherrlichen und ins Irreale steigern können.

Daß sie daran scheitern ergibt den gefühlsmäßigen und seelischen Zusammenbruch, der Intellekt aber wird «befriedigt»: Er bekommt dadurch die Nahrung, die den Glauben und die Sublimierung des «Göttlichen» erlaubt.

«Aber trotzdem, oder gerade deshalb, hat Hölderlin selbstverständlich seinen Gott verloren, seine Erkenntnisse müssen das verhöhnen, an das die Menschen ganz allgemein glauben. Der Ungläubige, der Götter besingt, das kann auf die Dauer nicht gut gehen. Er muß an seinem Über-Verstand verzweifeln.» (Wilhelm Michel)

Die Wurzel solcher Verzweiflung, die sich auf die normale Gesellschaft und den Verzweifelten selbst als «Wahn-Sinn», als unerträgliche innere Angst und Unruhe auswirkt, liegt in der Verweigerung von Nahrung der Seele, die der

106

Über-Sensible, Über-Begabte entsprechend im Übermaße braucht und die man ihm wiederum gerade deshalb aus falschen Erziehungsprinzipien verweigert. Einem Übersensiblen sollen gerade mit Härte und Strenge seine Bedürfnisse ausgetrieben werden, er soll auf keinen Fall «verwöhnt» werden. Was später für Gertrud in der Anstalt galt, das galt noch vielmehr für ihre frühe Kindheit: man kann nicht durch Angst die Angst austreiben.

Es ist heute kaum noch vorstellbar, in was für einem «abnormalen» Maß Menschen wie Gertrud durch Erziehung, Moralvorstellungen und Bigotterie nicht nur ihrer Mutter, sondern derjenigen der damaligen «guten» Gesellschaft, unfrei und eingeengt waren; kein Wunder, daß sie «ver-rückt» wurden und heute weiß man, daß eher diejenigen, die diese Zwänge und Unfreiheit mitmachten, sie praktizierten und dozierten, «abnorm» waren; diejenigen aber, die sie nicht aushielten und «krank» wurden dagegen normal. Eine Mutter, wie die von Gertrud, mußte schon ein «abnormales» Maß an Kälte, Mitleid- und Herzlosigkeit haben, um die Erziehung so durchzuführen, wie die Zeit, ein Dr. Schreber und Konsorten, sie vorschrieben. Aber diese Kälte, diese Mitleid- und Herzlosigkeit den eigenen Kindern gegenüber war ja der Mutter auch anerzogen, ihre Gefühle und Bedürfnisse nach Wärme und Zärtlichkeit als etwas Verbotenes unterdrückt worden. Hysterie, schwache Nerven und Angstzustände, sie gehörten zu Gertrud's Familie wie zu vielen anderen auch. Aber sie sind nicht ein Zeichen von Verrücktheit durch eine Erbanlage, sondern von einer Gesellschaft, die natürliche Bedürfnisse und Empfindungen «ver-rückt» hat. Also eine durchaus normale Reaktion, mit denen gerade intelligente und empfindsame («geniale») Menschen auf unerträgliche Zwänge reagierten.

Man nennt sie «krank», weil sie die «gesunde» Welt stören. Nicht die Symptome, sondern die Ursachen sind ver-rückt.

Was keinem Tier in den Sinn käme, das erlaubte sich durch Jahrhunderte der «Aufklärung» und des «Fortschritts» der Mensch: nämlich ein Neugeborenes von der Mutter sogleich zu trennen, es in Tücher (früher: Bandagen) so einzuwickeln, daß es sich nicht mehr rühren konnte und eingeengt war in einer Holzwiege, die mehr einem Sarg als einem «Nest» für das Kleinkind glich. Darin ließ man es allein, ausgesetzt einer fremden Welt, die bald als feindlich empfunden wurde, wenn man es unaufhörlich schreien ließ ohne ihm zu Hilfe zu kommen, nur um es zu «erziehen», bis es regliert war und funktionierte. Dies gehörte zu Gertrud's Zeit zu einer guten Erziehung. Man braucht gar nicht weit zu suchen, um zu sehen, daß spätere Ängste und «Fremdgefühle» auf diese Weise schon in der Wiege entstehen. Wenn es auf die Welt kommt, möchte das kleine Lebewesen nur eines: sich geborgen, frei und beschützt fühlen wie die neun Monate vorher im Mutterleib. Das «auf die Welt» kommen ist ein großer Schock.

Um es davor zu heilen, müßte man ihm Wärme, Geborgenheit und körperliche Nähe im Überfluß bieten und nicht das Gegenteil. Das «sinnliche» Bedürfnis macht es frei und selbständig. Die Kälte und Angst läßt Unwohlheit, «dunkle» Empfindungen und Gefühle, «Melancholie» entstehen.

Gerade die ersten Stunden, Tage, Wochen und Monate entscheiden, ob ein Mensch seine Charakteranlagen frei und ohne Angst und «Fremdgefühle» entwickeln kann.

Gertrud's Geschwister, ihre Tanten und die ganze Familie hatten «schwache Nerven». Sie sind alle auf die gleiche Weise, puritanisch, kalt, aber «gut» erzogen worden. Nervöse Störungen hängen meist mit unbewältigten Konflikten zusammen. Deshalb war es nicht möglich, Gertrud von ihrer spannungsbedingten Reaktion – die mit Angstzuständen und Schlaflosigkeit begann – abzuhalten und die Versuche in der Anstalt, sie mit Gewalt (Einsperren, Elektroschocks, Leukotomie usw.) zu heilen, führte zu noch mehr Spannung, was die Symptome verstärkte oder auf etwas anderes verlagerte. (Erst in der Anstalt begann Gertrud Scheiben zu zerschlagen, unordentlich und unrein zu werden.) Damit Gertrud innerlich ruhiger hätte werden können, hätte man wissen müssen, was ihr zu schaffen machte. Offensichtlich mußte sie oft die Zähne zusammenbeißen, wenn die Mutter wütend war, sie demütigte mit ihren Strafen. Sie fraß ihre Gefühle in sich hinein. Aber damit «verpuffte» ihre eigene Wut nicht, sondern wirkte in ihr innerlich weiter, um sich dann stellvertretend an den zerschlagenen Scheiben, dem Kopfanschlagen, in Streit usw. zu entladen.

Es plagte Gertrud etwas, das mit 25 Jahren zum Ausbruch kam. Es scheint, als wollte sie der Welt zeigen, daß sie etwas könne und ernst genommen werden möchte. Durch ihre Ängste, ihre späteren Wutausbrüche und das ständige Stören vor allem nachts, wollte sie der Mutter, der Welt sagen: ich will, daß ihr mir Beachtung schenkt. Daß die Mutter Gertrud als Kind verzog und ihr aus Schwäche manches durchließ, auf der anderen Seite aber dauernd schimpfte und nörgelte und es mit Radikalkuren strafte, gab Gertrud eine gefährliche Macht, sich mit Schreien und Toben durchzusetzen, ohne sich aber deswegen nur auch im geringsten besser verstanden zu fühlen. Also versuchte sie es wieder und wieder, wird sie es in der Anstalt wieder und wieder versuchen, Aufmerksamkeit auf sich zu lenken.

Gertrud's sogenannte Verrücktheit kann weitgehend als

Summe ihrer Anpassungsversuche an die von ihrer Mutter ausgeübten Zwänge angesehen werden. Sie hat in ihren erregten Zuständen der Mutter immer wieder zugerufen: «Du bist schuld», ohne daß dies irgendjemandem aufgefallen wäre, geschweige, daß man es ernst genommen hätte. Es war einfach «krank».

«Es wäre doch möglich, daß jemand sich ‹schizophren› ausdrückt, weil er meint, es sei ihm nicht erlaubt, einfach und direkt zu sagen, was er zu sagen hat.»
(Morton Schatzmann, S. 107)

Die Ansichten der Mutter Gertrud's über Sexualität sind dabei besonders wichtig. Sie entsprachen dem Geist ihrer Zeit. Sie würden heute wahrscheinlich als ziemlich abwegig angesehen. Aber sie untermauerte ihre Ansichten mit moralischen Argumenten, die sie aus der christlichen Lehre, ihrer Erziehung im protestantischen Pfarrhaus bezog.

So machte die Mutter den Kindern klar, daß allein schon der Gedanke an Sexuelles ein Zeichen von Überreizung des Nervensystems und krankhafter Nervenspannung seien. Auch darin bekam sie durch die Erziehungsanleitungen von Dr. Schreber Unterstützung. So wandte sich dieser z. B. gegen Mädchenkleider, die «so tief ausgeschnitten sind, daß sie leicht über die Schultern herabgleiten»:

«Das damit verbundene unbehagliche Gefühl veranlaßt ein fortwährendes ungleiches Hoch- und Hin- und Herziehen der Schultern und wird dadurch mit der Zeit leicht der Entstehungsgrund bleibender falscher Gewohnheiten und Haltungen.»
(Morton Schatzmann, S. 108)

110

Durch diese Erziehung wird Gertrud (und ihren Zeitgenos-
sinnen) nicht nur jegliche Art einer sexuellen Aktivität
verboten, sondern auch der kleinste Gedanke (Träume!)
daran:

*«Es muß streng darauf gehalten werden, daß die Kinder des
Morgens nach dem Erwachen sofort sich erheben, nie wach
oder im Halbschlafe liegen bleiben. Es ist dies noch aus
einem anderen Grunde sehr wichtig, weil nämlich damit am
meisten die Verführung zu einer unkeuschen Richtung der
Gedanken verknüpft ist. Daß man diesen Punkt schon viele
Jahre vor der Mannbarkeitsentwicklung scharf im Auge
behalten muß, lehrt die allen Ärzten bekannte traurige Häufigkeit heimlicher geschlechtlicher Verirrungen von Knaben
sowohl wie von Mädchen. Schon deshalb aber auch aus
allgemeinen Gesundheitsrücksichten ist, wenn dies nicht
schon früher geschehen, von nun an das Schlafen in unge-
heizten Zimmern unbedingt vorzuziehen»,* lehrte Schreber.
(Morton Schatzmann, S. 112)

Oder der Gleiche:

*«Hauptsächlich gegen Ende dieser Altersperiode (8–16 Jah-
re) droht von körperlicher Seite her dem sittlichen Charakter
eine ernste Gefahr, die in ihrer weiteren Konsequenz auf den
ganzen Organismus eine vernichtende Wirkung auszuüben
vermag. Es sind dies mit der geschlechtlichen Entwicklung
vorhandenen Triebe.»* (Forts. S. 112)

Solche «vorzeitig geweckten Triebe» können das Kind
«zu jenen gefährlichen stillen Verirrungen führen». Also:
«Wachsamkeit gebietet die Vorsicht stets.»

Man darf vermuten, daß Gertrud P. gerade diese dauernde Wachsamkeit, d. h. Bewachung, «auf die Nerven gegangen» ist. Wer würde sich das heute noch bieten lassen, eine Mutter, die auf Schritt und Tritt darauf aufpaßt, daß die (erwachsene!) Tochter nicht etwa Beziehungen zum anderen Geschlecht hat, daß sie pünktlich am Abend nach Hause kommt, ganz abgesehen von all den kleinen, alltäglichen Nörgeleien, Vorhaltungen und Ratschlägen.

Junge Leute würden es heute normal finden, daß sie dadurch «verrückt» würden.

Die Auswirkungen solch elterlicher Allgewalt, wie sie von Dr. Schreber in seinen Anleitungen für die Ewigkeit festgehalten wurden (sonst würde man sie heute vielleicht für unglaublich halten) sind bis in unsere heutige Zeit festzustellen. Sie sind schuld daran, daß manches ins Extreme umgeschlagen ist, die Eltern nichts mehr zu sagen haben und im Altersheim landen. Nicht wenige Erwachsene rächen sich damit bewußt oder unbewußt an denjenigen, die sie in der Kindheit unterdrückt und unfrei gemacht hatten.

Gertrud P. aber konnte sich gegen die Bevormundung und die Einschränkung all ihrer weiblichen und künstlerischen Bedürfnisse nicht erwehren. Vielleicht ist sie deshalb, um den Zwängen, Verboten und Einengungen zu entgehen, verrückt geworden.

*

Zitate aus dem Dokumentarfilm «Gertrud P.»

Dorothea Christ, Kunsthistorikerin und Kunstkritikerin, anläßlich der Vernissage zur Gedächtnisausstellung im Berner Casino:

«Ich kenne so viele mittelmäßige, junge Begabungen, die dann versanden, und ich kenne so viel Durchschnittliches und Unterdurchschnittliches von Frauen, ‹die auch wollten› ... dann erhielt ich Farbfotos von Bildern von Gertrud P. zu sehen, und da war ich wirklich richtig bewegt – und angeregt davon – und ich bekam große Achtung – und als ich jetzt die Originale gesehen habe, da muß ich einfach sagen: Das ist eine ganz starke Begabung gewesen, da ist der Name vom Lehrer Paul Klee nicht nur ein Aushängeschild ...»

«Wir wissen nicht genug von der Künstlerin Gertrud P. – was wir hingegen sehen können, auf Kartons, Malkartons, auf Papier, Aquarell, in Öl, ist dies, daß eine sehr feine, klare Empfindung für Farbwerte und Farbwirkungen da

113

war. Und ich nehme an, daß das Klee bei dieser Schülerin ganz besonders interessiert hat ...»

«Ich glaube, daß es sinnvoll ist, zu sehen, daß Begabungen sich entwickeln können, im Begriff sind, sich zu entfalten, und aus unerklärlichen Gründen dann verstummen oder versanden, wie das hier der Fall ist, und auch oft anzutreffen ist in Entwicklungen von kreativ begabten Frauen. Und wir haben hier ein ähnliches Beispiel in Camille Claudel, der Schwester von Paul Claudel – die im Berner Kunstmuseum so vorzüglich ausgestellt wurde zusammen mit ihrem Lehrer Rodin – und können dort erleben, wie eine Begabung zum Verstummen kommt, wenn irgendwelche Ereignisse den Menschen, die Künstlerin, tief treffen ...»

*

Fred Zaugg, Kulturredakteur der Berner Tageszeitung «Der Bund», zum erstenmal mit den Arbeiten von Gertrud P. konfrontiert:

«Für mich ist jegliche kreative Tätigkeit eine Art Sendung: Der Künstler sendet etwas aus, und es ist ein Glück, wenn diese Sendung auch ankommt. Aber es gibt immer wieder Menschen, bei denen die Sendung erst viel später ankommt – denken wir zum Beispiel an einen van Gogh –, und in dieser Beziehung finde ich auch, ist das Werk von Gertrud P. sehr wichtig, es kommt erst jetzt, heute, nach vielen Jahren an ...»

«Ich bin sehr glücklich darüber, daß wir heute ihr Werk hier sehen können. Zum Werk selbst ist zu sagen, daß ich erstaunt bin von der Qualität dieses Schaffens. Gertrud P. war eine sehr begabte Malerin, nicht nur technisch begabt, sondern auch in der Wahl ihrer Motive ...»

«Wir haben noch sehr viel zu entdecken, was Frauen gerade in den letzten hundert Jahren geleistet haben, in einer Zeit, wo das Frauenschaffen doch noch stark in den Hintergrund gedrängt worden war ...»

*

Jean Schneeberger, der Neffe von Gertrud P., erinnert sich:

«Gertrud war die Schwester meiner Mutter, also meine Tante. Tante Gertrud war das große Problem in der Familie. Sie wurde von meiner Großmutter sehr behütet, die sie mit dieser erstickenden Mutterliebe umgab, aus der sie nicht herausfinden konnte. Deshalb rebellierte sie gegen die Familie ...»

«Die ganzen Ereignisse haben meine Mutter gezeichnet – uns alle – in unserer Beziehung zur Gesellschaft – und dann waren da auch immer die Weihnachtsfeiern, zu welchen man Tante Gertrud heimholte, weil meine Großmutter ‹en famille› feiern wollte. Gertrud zerschlug dann alles, gab sich Ohrfeigen, schrie und tobte – und dann sollte man feiern. Es war immer eine Qual, eine Qual auch, sie in der

115

Anstalt besuchen zu müssen, das war ein Alptraum – ja, das ist der richtige Ausdruck dafür: ein Alptraum . . .»

«Dabei wußte man, daß sie eine kreative Begabung besaß, die sie zusammen mit Paul Klee weiterentwicklen konnte. Wenn sie sich aus den Zwängen der Familie hätte lösen und sich frei in der Gesellschaft hätte bewegen können, in der sie sich wohlfühlte und wo man sie als Künstlerin akzeptierte, dann hätte sie sich sicher frei entwickeln und eine anerkannte, erfolgreiche Persönlichkeit werden können . . .»

«Sie war eine Frau, sie hatte Herz und Wärme und auch Sinnlichkeit – und sie rebellierte gegen die Moral meiner Großmutter, für die alles, was mit Liebe und Sex zu tun hatte, vom Teufel besessen war . . . Ja, ihre Krankheit kam daher, weil sie sich als Frau nicht entfalten konnte . . .»

*

Dr. Rolf Kaiser, ehemaliger Oberarzt der damaligen Irrenanstalt von Münsingen, erinnert sich:

«Unter den vielen Tausenden von Patientinnen, die ich da in all den Jahren behandelt habe, ist sie eine der hervorragendsten in meiner Erinnerung. Sie war sehr aufgeschlossen, lebhaft, affektiv zugänglich, und wir hatten ein nettes Verhältnis zueinander . . . Ich hatte das Gefühl, daß sie sich

116

dort (in der Anstalt, Anm.) am wohlsten fühlte, weil man
ihr nicht immer alles verwiesen hat, was vielleicht draußen
gemacht worden wäre ... Sie hat also in der Klinik mehr
Freiheiten gehabt, als sie draußen gehabt hätte, im Umgang
mit der Umgebung ...»

1 Gertrud P., etwa zweijährig, in Interlaken.

2 Gertrud P. (Mitte) mit Bruder und Schwester (Interlaken, etwa 1900).

3 Typisches Familienbi
aus der Zeit um 191
Gertrud P., etwa 20jä
rig, mit Mutter, Schw
ster (links), Bruder (hi
ten rechts) und
Schwager.

4 Widmung von Margu
rite Frey-(Surbek) in
Gertrud P.s Poesieal-
bum. Eines der weni-
gen, noch erhaltenen
Dokumente aus diese
Zeit: Malstunden im
Freien, die offensicht-
lich umschwärmte,
junge Künstlerin und
die «strenge» Lehreri

Sprüche an eine junge Malerin.

Seh ich die Werke der Meister an,
So seh ich das, was sie getan;
– Betracht ich meine Siebensachen,
Seh ich, was ich hätt sollen machen.

Wer dem Publikum dient, ist ein armes Tier;
Er quält sich ab, niemand bedankt sich dafür.

» Ich hielt mich stets von Meistern entfernt;
Nachtreten wäre mir Schmach!
Hab alles von mir selbst gelernt. « –
  Es ist auch danach!

Lass nur die Sorge sein,
Das giebt sich alles schon,
Und fällt der Himmel ein
Kommt doch eine Lerche davon.

Weisst du worin der Spass des Lebens liegt?
Sei lustig! – geht es nicht, so sei vergnügt.
  Goethe.

Zur Erinnerung an Deine
Dir herzlich Zugetane
J. Marguerite Frey

5 Eine weitere Widmung
von Marguerite Frey-
(Surbek), aus der hervor-
geht, wie sehr die Lehre-
rin die junge Schülerin
schätzte. (Etwa 1912.
Gertrud P., 16jährig).

6 Gertrud P., etwa 18jährig. Tuschzeich-
   nung von Marguerite Frey-(Surbek), signiert M. Frey.

7 Gertrud P., 19jährig. Aquarell-Portrait
   von Marguerite Frey-(Surbek), signiert
   M. F. 1915.

8 Gertrud P. mit ihrem Neffen im Garten
   Falkenplatz 16 (Bern, 1917).

9 Szenenbild aus dem ARD-Fernsehfilm
   «Gertrud P.» (Foto: Paul Motzko).

10 Das romantische «Vieux Clos» in Coinsins am Genfersee, das der Kranken Heilung
bringen sollte. Gertrud P. mit Mutter und Neffe; im Vordergrund das Dienstmädchen,
auf dem Erinnerungsfoto offenbar unerwünscht.

11 Karte von
Gertrud P.
aus der An-
stalt Münsin-
gen. Die re-
gelmäßige,
künstlerische
Schrift zeigt
keine Merk-
male von Ver-
rücktheit oder
Schizophre-
nie. Die illu-
strierenden
Zeichnungen
sind typisch
für Gertrud
P.s Briefe
und Postkar-
tengrüße,
während sie
aber in der
Anstalt sonst
nicht mehr
malt.

12 Grabstein von Gertrud P.
Inschrift:
Anna P. 1859–1945
Anna P. 1892–1944
Gertrud P. 1896–1961

13 Selbstportrait von Gertrud P. (Öl auf Malkarton, 39 × 30 cm). Der strenge und melancholische Zug und die gedeckten Farben enthalten Anzeichen von beginnender Schwermut (ca. 1920–21).

14 Portrait eines bärtigen Mannes; möglicherweise der Vater von Paul Klee, (Öl auf Malkarton, 51 × 34,5 cm).

15 Frau mit aufgestecktem Haar und weißem Kragen (Öl auf Malkarton, 56,5 × 39,5 cm).

16 Weiblicher Akt auf rotem Tuch mit Spiegel (Öl auf Malkarton, 39 × 28 cm).
Ein künstlerischer Wurf von erstaunlicher Reife, Gestaltungs- und Aussagekraft.

17 Aktstudie in Aquarell mit betonter Licht- und Schattentechnik, wie Gertrud P. sie wahrscheinlich von Paul Klee erlernte.

18 Große Weide in Landschaft (Aquarell, 21 × 28 cm).

19 Pappelgruppe, blau (Aquarell, 15,5 × 20,6). Eines der schönsten Bilder von Gertrud P., dessen expressionistischer Malstil und Komposition sich durchaus mit großen Meistern dieser Epoche messen kann.

20 Bunter Strauß (Öl auf Malkarton, 42 × 33 cm). Die beschwingte Form und die spezielle Farbkomposition zeigen Gertrud P.s ausgeprägten Farbensinn und Farbsensibilität.

21 Pappelgruppe bei Vichy (Aquarell, 30,5 × 26 cm).

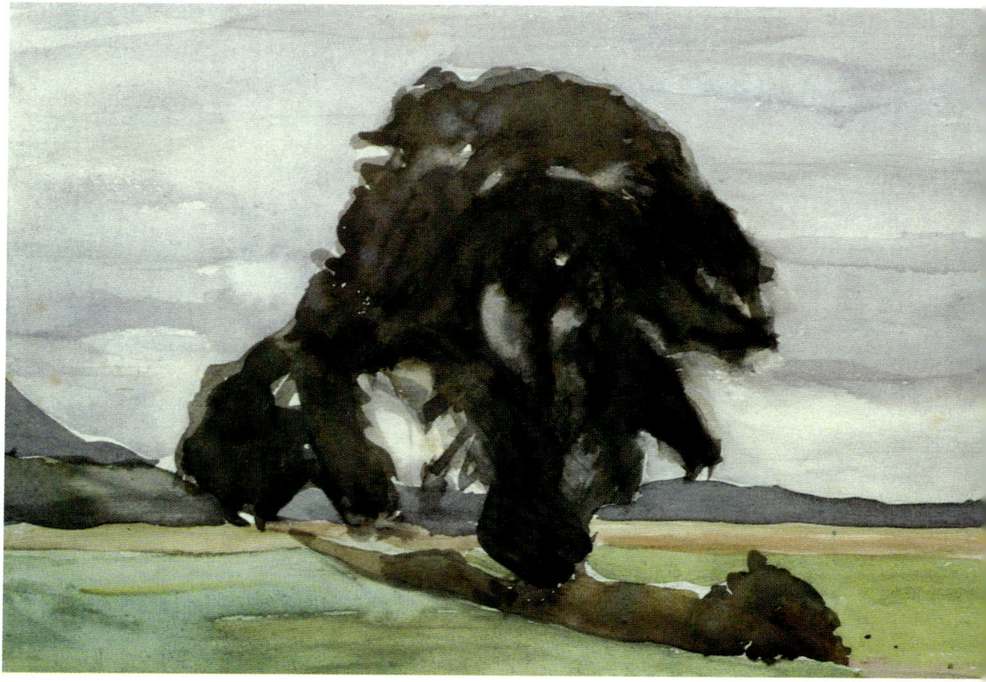

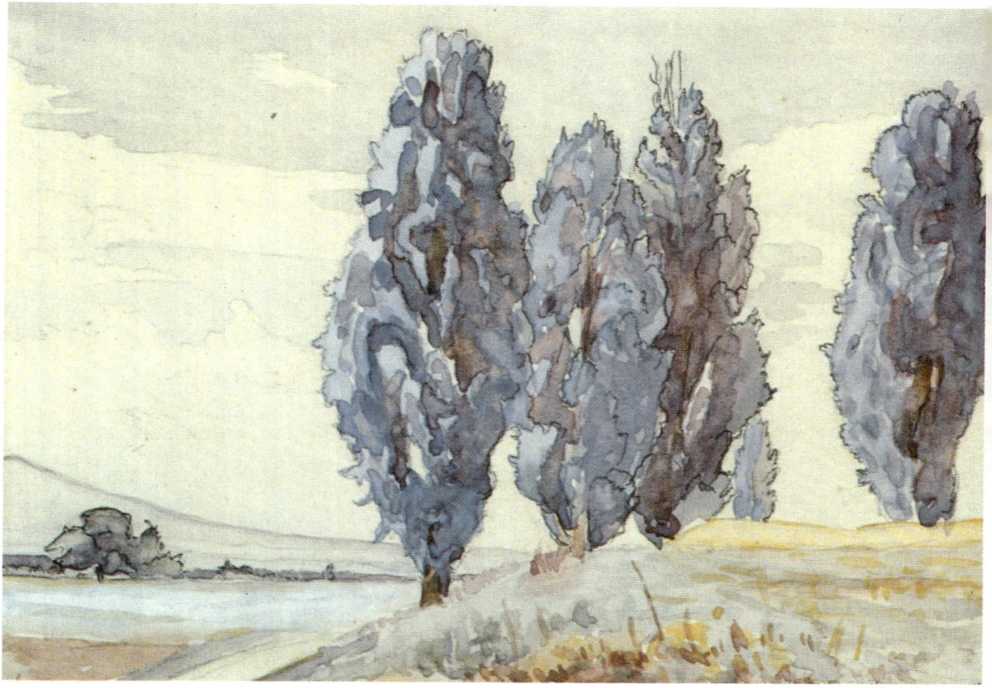